**纪念非暴力沟通创始人
马歇尔·卢森堡博士（1934–2015）**

感谢他在流通领域里表现出的对人类连接和慈悲的洞察力，以及对提升人们的幸福感和化解冲突的能力所做出的贡献。

马歇尔·卢森堡博士由于在促进人类和谐共处方面的突出成就，于2006年获得了地球村基金会颁发的和平之桥奖。卢森堡博士早年师从心理学大师卡尔·罗杰斯，后来他发展出极具启发性和影响力的非暴力沟通的原则和方法，不仅教会人们如何使个人生活更加和谐美好，同时解决了众多世界范围内的冲突和争端。非暴力沟通被联合国教科文组织列为全球正式教育和非正式教育领域用非暴力解决冲突的最佳实践之一。

Nonviolent Communication

非暴力沟通（修订版）

[珍藏版]

[美] 马歇尔·卢森堡 Marshall B.Rosenberg / 著
刘轶 / 译　李迪　娅锦 / 审校

华夏出版社
HUAXIA PUBLISHING HOUSE

目录
contents

- 001　中文版序
- 003　译序
- 007　序言
- 011　致谢

- 001　第一章　由衷的给予
- 017　第二章　疏离生命的语言
- 027　第三章　不带评论的观察
- 041　第四章　体会与表达感受
- 055　第五章　为自己的感受负责
- 075　第六章　提出请求，丰盈生命
- 099　第七章　以同理心倾听
- 121　第八章　同理心的力量
- 137　第九章　爱自己
- 151　第十章　充分表达愤怒
- 173　第十一章　化解冲突，调和纷争
- 199　第十二章　为了保护使用强制力
- 209　第十三章　解放自我，协助他人
- 223　第十四章　用非暴力沟通表达感激与赞赏
- 233　后记
- 236　资源

中文版序

我们每一个人都渴望幸福，渴望生活在一个和平、稳定而又繁荣的社会当中。当人们的基本需要诸如食物和住所得到满足，决定我们生活品质的便是人与人的连结。这意味着，如果我和家人、亲属、朋友以及同事的关系在情感上是安全、滋养的；我可以表达我的想法并且得到理解、接纳、鼓励、同理；当美好的事情发生时能够庆祝……我便能掌握我的力量。这将在我生命遭遇困难时给予我信心、价值感和勇气。

而如果我与身边的人在关系中的状态是相互纠错、评判、指责，那么我会感到受伤、难过和孤独，我的生活也会充满压力。我相信，如果我们学习如何沟通、如何相互交谈和聆听、如何不带批评地诚实表达自己、如何带着同理心聆听……就会带来不同的关系品质。在本书中，马歇尔向我们展示了如何在日常生活中一步一步地做到这些，不论是在家庭中还是工作中，如此我们将拥有改变情境的力量，而不是让它变得更糟糕。

在这个如此多人共同生活的社会，即便我们拥有相同的愿景、梦想，要如何实现它们，每个人都可能有着不同的想法。这些不同常常引发群体内的冲突。新版中增加的章节为我们展现了如何通过非暴力沟通的调解来和平解决人与人之间的冲突。这种调解方式既能为一个安全而又和谐的社会做出贡献，也能同时培育活力以及创造力以推进社会向前发展。

于我，从马歇尔那里学习到的重大收获是自我同理。通过自我同理，我对自己有了更多的理解和认识。例如理解自己为什么会去做那些让自己后悔的事情。这意味着，如果在行动之前就能懂得这些，我便不用如此行动。我学会了如何理解我的错误，我也学会了宽恕自己并理解这意味着什么。另外对我很有帮助的还有：如何充分地表达愤怒，让彼此加深理解并走向更深的连结；如何用不伤害关系的方式说"不"，因而我能更好地应对生活并且减少压力；在面对那些被我归类为"敌人"的人时，将他们作为"人"来看待，看到他们和我一样遭受着苦痛，他们和我一样在那一刻尽了自己最大的努力。

今日，我们正在共同面对由我们自己的思想和生活方式所造成的诸多问题，而此刻，世界召唤我们一起走向未知、绘制新的路径。当我们和自己内心最深处、最真诚的人类共同需要相连结时，我们便拥有了这份勇气。我相信中国正在朝着这个方向引领世界，而此书将带给人们一种看待世界的新方式以及新的思考和连结方式。

我也要祝贺我们在中国的第一位国际认证培训师刘轶，她亦是《非暴力沟通》新版的译者。我希望这本书能启迪更多的人，并且召唤更多认证培训师的出现。

凯瑟琳·韩·辛格
前国际非暴力沟通中心董事会主席

译序

很荣幸在过去三年我能与马歇尔博士的《非暴力沟通》有如此亲密的接触，这本书可以说汇集了马歇尔对于"非暴力沟通"这套方法的所有精华内容。对于我来说，翻译的过程意味着不断深切感悟非暴力沟通的精神，体会其大道至简背后所蕴藏着的对人性深刻的理解。马歇尔博士其人、其事、其教诲让我获得许多滋养与感动。

回顾学习和实践非暴力沟通的这些年，我见证着自己的成长和蜕变。持续地为内心带去慈悲、关爱和理解不仅让生命变得柔软，也不断澄清着内心真正的渴望以及想要活出的状态。鲁米说，我们无须找寻爱，而只须消融内心爱的阻碍。非暴力沟通不仅是一座找寻爱的桥梁，更重要的是，它让我拥有爱的能力来支持生命中的各种关系。而在一个更广大的层面，非暴力沟通更是引领我走向世界，带着对人本自具足的信任与尊重，赋能更多人活出真我。因着这些年来的教学，我也得以见证许许多多的生命经由非暴力沟通走向越来越多的自由、力量、和平以及福祉，我深感赐福。

如今，自马歇尔博士开创非暴力沟通已经整整 50 年，非暴力沟通的影响力在全球持续扩大着，越来越多的人开始学习、实践并从中受益，这在我看来并不意外。走过风云变幻的 50 年，站在 2020 年所开启的更加多变、未知和动荡的时代前，非暴力沟通仍在向世界持续贡献着力量与活力。在这里，我想简单分享一下个人的实践和学习体会。

首先从个体层面来说，人不可能永无止境地被外在撕扯，这包括消费主义、碎片化的信息、竞争比较……我们作为宇宙之中承载着神圣使命的存在，重拾真我、完整、相互依存以及回归本质和意义，是人内心最深切也是最自然的渴望与召唤。如果人无法活出真我，人与人的相遇便无法真实，那"沟通"方法便会沦为操控与算计的工具。在这个层面上，我认为非暴力沟通提供的是人与人得以连结的底层逻辑，而这个连结首先从与自己开始，从对"认识自己"这样一个源头的探寻开始建立与自己的友爱关系，再推己及人，与他人建立带有尊重、理解和关爱的联系。

"你不能用创造问题的思维来解决问题。——爱因斯坦"

今天，越来越多的系统（不论是家庭、组织还是社会）开始关注一种不同于以往——能够赋能于人、激发内驱力和参与共创的方式来开展互动、发展自身。而行为的改变则需建立在意识、心智成长以及能力建设之上，在这个层面上，非暴力沟通的学习无异于一种从内向外的成长练习和生命教育。

写到这里，或许那些初识《非暴力沟通》的读者、学习者会满怀好奇甚至疑问：《非暴力沟通》难道不是关于人际沟通、好好说话的吗？我希望透过这一版的《非暴力沟通》为大家更清晰地呈现马歇尔在书名中所要展现的：一种生命的语言。"我想要与那美妙的生命之流保持连结。"马歇尔，这位喜欢在教学中拿起吉他弹唱的伟大老师曾这样歌唱道。经年累月的社会和文化制约透过某类语言（比较、评判、命令、推卸责任……）让我们疏离了与生命（人的需要）的连结，加深着与自己、他人和世界的对立，而通过非暴力沟通，马歇尔博士不仅带给我们一种使用语言的全新方式，更是用一种不同的心智模式和文化范式，引领我们重新建立与生命的连结，创造和自己、他人以及世界之间基于生命的关系——伙伴关系。

马歇尔博士这一生，在世界各地奔走教学的同时，也去过许多充满着大大小小冲突的国家与地区：从美国的贫困社区到处在冲突中的中东，还有经历了大屠杀后的卢旺达，等等。在我看来，马歇尔并非所谓的身心灵成长导师，而是一位勇于面对人性、调停对立族群和帮派的和平使者。只因他全然相信，当人与人之间能够相互听见、理解、连结，心中的"敌人"自会消融。这便是"非暴力"的精神与力量：心无敌人。

"在一个充满冲突的世界中，为和平代言"，这是马歇尔，也是非暴力沟通前辈们以及我所完成的国际认证体系给我的教导和承诺。而面对今天的世界，我们比任何时候都需要强有力的内在资源——培养韧性、对人性的信任、对连结的信心以及对话的能力，并从自身开始成为和平、邀请和平、共创和平。

如今，非暴力沟通在中国也被越来越多的人了解、学习和实践着，要感谢许多人（华夏出版社、第一版的译者阮胤华先生、这些年来到中国分享非暴力沟通的国际中心认证培训师们以及无数有志于将非暴力沟通的精神内核分享给广大受众的践行者们）。作为其中的一员，我很荣幸能够以不同的形式贡献其中。

最后，我想感谢在这本书的翻译过程中给予支持的许多人。多年一起学习非暴力沟通的李迪和娅锦为审校付出了一年多的时间，精心打磨；数十位来自NVC中文学院的社群伙伴以及杨芮（Ruby Yeung）参与了校对工作，这份伙伴之间流动着的"由衷的相互给予"，给予了我许多温暖。陪伴和见证我这些年来成长的凯瑟琳老师（国际非暴力沟通中心董事会主席）、吕靖安老师（《非暴力沟通实践手册》作者）对于新的《非暴力沟通》中文版给予了殷切希望与谆谆指导；华夏出版社朱悦女士全程陪伴与支持；还有许多在这个过程中给予我鼓励和支持的伙伴们，感谢你们滋养和陪伴着我度过这段难忘又漫长的翻译历程。

翻译的过程与我非暴力沟通实践和教学的过程可谓共生共长，新的理解和体悟随着生命的成长不断生发着，每一次校对都有新的发现，这也意味着翻译永远是一场遗憾的艺术，但或许又是某种开启。我诚挚地期待着透过这版《非暴力沟通》，与更多的人相遇、对话、共同成长。

刘轶

国际非暴力沟通中心中国大陆地区首位认证培训师

NVC 中文学院创始人

序言

已故的马歇尔·卢森堡是最值得我们感激的人之一，他的一生就像他的一本书名：在冲突世界中为和平代言。[①] 书中马歇尔告诫我们：你说出口的话将会改变你的人生。每个人从婴儿时期便开始用语言构建自己的生命故事，因此，马歇尔发展了基于语言的冲突解决方法，教导人们在对话时避免评判、指责和带有暴力意味的字眼。

晚间新闻中那些街头抗议者们的扭曲面孔，每每令人不安，它们绝非只是新闻画面而已。每一张脸、每一声呐喊、每一个手势都带着一段历史。每个人都紧紧抓着自己的历史，因为那关乎自己的身份。因此，当马歇尔倡导和平的语言时，他倡导的其实是一种新的身份认同，而他也很清楚这一点。在这个最新版本中，马歇尔在提到非暴力沟通以及调解人的角色时说："我们所做的改变是在尝试活出一种不同的价值体系。"

在马歇尔所憧憬的新价值体系下，冲突解决不再仰仗于叫人沮丧的妥协手法。相反，有争议的双方相互尊重，询问对方的需要，在没有义愤填膺和偏见的氛围中建立连结。凝视这个充满战争和暴力的世界，"我们还是他们"的思维早已深入人心，有的国家无视文明，犯下各种不堪的暴行。在这样的一个世界中，新的价值体系似乎遥不可及。在欧

---

① 此为直译，为了让读者有直观感受。此书的简体中文版译为《用非暴力沟通化解冲突》，由华夏出版社出版。

洲召开的一次调解人大会上，有人批评马歇尔用的方法属于心理治疗，认为他不过就是让人们把过去摆在一边，握手言和。这种做法不要说在战争面前，就是对于离婚案，恐怕也太不切实际。

价值体系体现在我们对世界的每一个看法中。人们不仅无可避免地受其影响，甚至还以此为傲。例如，千百年来全世界都在同一时期出现尚武或恐武的价值思想。荣格学派的心理学家认为，战神的原型存在于每个人的潜意识中，因而冲突和侵略乃无可避免的现象，这是人类与生俱来的恶。

然而，马歇尔在本书中则激昂地传递了另一种人性观，并叫我们务必仔细思考，因为这是我们唯一的希望。马歇尔认为，我们并不等同于我们的观念（故事）。这些观念只是我们自己创造出来的虚构故事，因为习惯、群体胁迫、旧有的制约以及缺乏自觉而被完好地保留着。然而，即使是最好的故事也会助长暴力。例如，你想用强制力保护家人、自我防卫、打击不法、防止犯罪，可哪怕你参与的是所谓的"正义之战"，你也可能被暴力所蛊惑。而如果你决定退出，很可能会受到来自社会的抨击和惩罚。简而言之，人类要找到一条出路并不容易。

在印度，有一种古老的非暴力生活方式，被称为"Ahimsa"，这也是非暴力生活的核心思想。"Ahimsa"通常的意思是"非暴力"，后来经由甘地的和平运动及史怀哲（Albert Schweitzer）对生命敬畏的思想而得到了很多拓展。"Ahimsa"的首要宗旨是：不伤害。让我对刚刚过世不久、享年80岁的马歇尔博士钦佩不已的是，他把握住了"非暴力"的两方面：行动和意识。

"非暴力沟通"的过程很好地说明了"非暴力Ahimsa"的行动层面，在此我不再赘述。而活出"非暴力Ahimsa"的意识则是更有力量的，马歇尔本人就呈现出这样的状态。无论身处何种冲突，他都不会偏袒任何一方，甚至不太会把关注点放在各方的说辞上。他认为所有的说辞都会有意无意地造成冲突，所以他将焦点放在连结上——搭建人与人之间一座心灵的桥梁。这样做和"非暴力Ahimsa"的另一个宗旨相吻合：重要的不是你做了什么，而是你注意力的品质。以离婚为例，尽管从法律角度，双方已经完成了财产分割，但双方在情感上所受到的影响则远没有结束。用马歇尔的话来说，太多说出口的话早已让两人的世界发生了改变。

敌对意识深入我们的"小我"（ego）中，每当面对冲突，我们的注意力就会被"我、属于我的"这样的想法所占据。表面上，我们的社会崇尚圣贤，景仰他们放下自我、臣服神明的精神，但事实上，我们所拥护的价值观却和所作所为之间存在着一道巨大的鸿沟。而人们通过"非暴力Ahimsa"可以拓展自己的意识，从而消弭鸿沟。解决所有暴力的唯一道路便是放下自己的执见。人若在世界上仍带有私利便无法开悟——这或许是"非暴力Ahimsa"的第三个宗旨，虽然这些话听上去有些像耶稣在"登山宝训"中的激进教导：温柔的人有福了，因为他们必承受土地。

不过，不论是"非暴力Ahimsa"还是耶稣的教导，说的都是改变你的意识而非行为。为此，你必须从一种生活（满足"自我"无止境的欲求）走向另一种生活（无私的状态）。坦白说，没有人真的喜欢无私的状态，从"小我"的角度来看，这样的状态听上去可怕而又难以企及。既然"小我"只在意得失，你若废黜了"小我"，会有什么结果呢？一旦没有了"小我"，你是否会像一具只有精神的懒骨头消极地坐在那里？

答案就在"小我"自动消融的时刻。这样的时刻会出现在冥想或处于深度满足时。当我们体验到经由大自然、艺术或者音乐所创造的美妙时，就能体验到"无我"的状态。这样的时刻（包括当我们体验到创造力、爱和玩耍时）和"非暴力 Ahimsa"状态的区别在于，前者时有时无，忽隐忽现；"非暴力 Ahimsa"却是稳定的状态。由此可见，所有的念头（故事）以及那个喂养念头的"小我"都只是幻想，是人们为了生存和利己所创造出来的。"小我"会不断升级虚幻，驱使我们追求更多的金钱、财产和权力，而"非暴力 Ahimsa"则让你真正活出你自己。

　　用高层意识来称呼"非暴力 Ahimsa"太过于高调了。事实上，在这个"社会规范"已经毫不正常、甚至近乎病态的世界里，称其为"正常意识"更加恰如其分。在我们今天的世界里，用几千颗核弹对准敌人，恐怖主义被视为受推崇的宗教手段——这些情况已经不只是"普通"情况了，而是成为了"社会规范"，生活在这样的世界里并不正常。

　　对我而言，马歇尔对后世的影响并不在于他颠覆了调解人的角色，尽管这很重要，而是在于他所活出的新价值体系，而这样的价值体系古已有之。由于人性被"和平"和"暴力"所撕裂，因而每一个时代都召唤着"非暴力 Ahimsa"。卢森堡博士已经证明，进入这样一种被拓宽的意识状态不仅是真实不虚的，也能行之有效地用来化解争端。他留下了让我们得以追随的足迹。如果真正关心自身的福祉，我们就会跟随这足迹。在这个亟需智慧指引，祈望消弭战争的世界，这是我们唯一的选择。

迪帕克·乔普拉（Deepak Chopra），作家 & 医生

致谢

感谢卡尔·罗杰斯（Carl Rogers）教授，当他正在研究"有益于人际关系的要素"这一课题时，我有幸向他学习并与他共事。这项研究的结果在我发展"非暴力沟通"的过程中至关重要。

我亦将永远感谢迈克尔·哈基姆（Michael Hakeem）教授，他让我看到，我所接受的基于病理学的应用心理学专业训练不仅在科学上是有局限的，对社会和政治也会有危害。正是因为看到了现有理论的局限以及对生命有了更多的认识，我渴望探索一种不同的心理学方法。

此外，我也很感谢乔治·米勒（George Miller）和乔治·艾比（George Albee）。他们努力地提醒心理学家们要找到比心理学更好的方法，他们让我看到，面对这个充满困难的世界，我们要找到比临床心理学更加有效的方式和更有帮助的技能。

我还要感谢吕靖安（Lucy Leu）女士负责编辑此书，并加以完稿；感谢瑞塔·赫尔佐格（Rita Herzog）以及凯西·史密斯（Kathy Smith）协助编辑工作。感谢许多人提供的帮助。

最后，我要感谢我的朋友安妮·穆勒（Annie Muller）。她鼓励我更清晰地呈现非暴力沟通的精神基础，这不仅让非暴力沟通更加扎实，也让我的生命变得更加丰盈。

语言是窗（或者是墙）

你的话像是对我的审判，
我仿佛见弃于人，备受责难，
在离开以前，我想问，
这真的是你的意思吗？
在我愤然自我辩护前，
在我带着痛楚或恐惧斥责前，
在我用言语筑起心墙前，
请告诉我，我真的听见你了吗？
语言是窗，或者是墙，
它审判我们，或令我们自由，
当我说话、当我聆听，
请让爱的光芒经由我闪耀。
我心里有话要说，
那些话对我意义非凡，
如果言语无法传递我的心声，
请你帮我获得自由，好吗？
如果你认为我想责难你，
如果你感到我不在乎你，
请尝试透过我的语言，
聆听我们共有的情感。

——鲁斯·贝本梅尔（Ruth Bebermeyer）

第一章

由衷的给予

我渴望我的生命活出善意和慈悲（Compassion）①，

由衷的给予在你我之间流动。

——马歇尔·卢森堡，博士

---

① 译者按：在英语中 Compassion 一词由两部分组成，前缀 com 意为共同、一起，passion 的拉丁词根 passio 意为苦痛，compassion 直译过来是：与苦痛同在。非暴力沟通的核心过程"同理"的状态也如此：与他人或自己当下的经验同在。故马歇尔·卢森堡博士也将非暴力沟通称作 Compassionate Communication。在中文中最能够传递 compassion 的词为"慈悲"，"慈"的意思与"由衷给予"一致，而"悲"意为同感其苦，则与同理的状态一致。在繁体版的《非暴力沟通》中，Compassionate Communication 被译为"善意沟通"。故在本版中，译者将用慈悲和善意交替呈现英文中的 Compassion。

在中文中，"慈悲"一词最早由佛教翻译而为大家所知晓，而这个词实际所承载的意思却是普世、一般化、超越宗教与信仰的，这也正是马歇尔博士在非暴力沟通中所要带给大家的——与我们的源头相连，与生命相连。

导言

我相信，由衷的相互给予是我们天性所乐见的。因而，我将大部分生命投入对这两个问题的探寻之中：

是什么让我们悖离了天性中的善，做出暴力与毁灭性的行为？

又是什么使得有些人即使在极度恶劣的环境下，依然与天性中的善相连？

当我还是孩子的时候，我开始有了这样的疑惑。大约在1943年的夏天，我们家搬到了密歇根州的底特律。两周后，公园里发生了一起由种族冲突引发的暴力事件，之后的几天中40多人遇害。我们居住的社区正位于冲突的中心。整整3天，我们紧闭家门，足不出户。

骚乱结束后，学校复课了。我却发现人名可以和肤色一样带来危险。当老师点到我的名字时，有两个男孩瞪着我，嘘声说："你是犹太鬼子（kike）？"我从未听过这个词，更不知道它是某些人对犹太人的蔑称。

放学后，那两个男孩拦住我，他们把我摔倒在地上，拳打脚踢。

从此，我就一直在思索那两个问题：

是什么赋予我们力量，使我们在最恶劣的情况下依然与天性中的善相连，就像艾提·海勒申（Etty Hillesum）那样的人，纵然面对德国集中营的恶劣条件，也依然保有慈悲之心？她在日记中这样写道：

> 我并不那么害怕，不是我勇敢，而是因为我清楚，站在我面前的是人，我想要尽我所能去理解任何人做的任何事，就像

> 尽管我们可能并不认为自己的说话方式是"暴力"的,但我们的言语却时常引发他人或自己的痛苦。

> 在今天早晨,一位心情不佳的年轻盖世太保冲着我大骂,我并未生气,油然而生的是一份真切的慈悲之情。我甚至想问他:'你的童年过得不开心吗?女友的言行令你失望了吗?'他看上去那么烦躁、紧张、阴沉且虚弱。我早该善意地对待他,这般可怜的年轻男子一旦放纵自己将有多么危险。
> ——艾提·海勒申日记一则 1941-1943

我一直在探究到底是什么因素能让我们保有善意,在此过程中,我深刻意识到语言及我们使用语言的方式所扮演的重要角色。后来,我发现了一种具体的沟通方法:它包含表达与聆听,能让我们由衷地给予,与自己和他人建立连结,并充分展现天性中的善意。

我称这种方法为非暴力沟通。这里借用甘地曾使用的"非暴力"一词,来指代当暴力从心中消融,天性中的善自然呈现的状态。尽管我们可能并不认为自己的说话方式是"暴力"的,但我们的言语却时常引发他人或自己的痛苦。这种非暴力沟通方法也被称为"善意沟通"。

转变注意力的焦点

非暴力沟通建立在语言以及特定的沟通方法上,让我们即使是在逆境中,也有能力活出人性的光芒。非暴力沟通并没有任何新知。它所整合的内容早已被人们知晓了千百年。非暴力沟通意在提醒我们早已知道的:人与人之间相互连结是人类的天性。非暴力沟通以一种具体的方式帮助我们活出天性。

> 在一个更深的层面，它是持续的提醒，让我们更好地专注于自己的生命意义和方向。

　　非暴力沟通帮助我们重新构建表达自己和聆听他人的方式，使我们的言语不再只是出于习惯的自动化反应，而是牢固地建立在觉察感受和需要的基础上，做出有意识的回应。我们既能诚实、清晰地表达自己，也能带着尊重与同理心关注他人，从而在任何交流中听见自己和他人心灵深处的呼声。非暴力沟通还训练我们仔细观察，具体地指出什么样的行为和事件对我们造成了影响，学会了解我们当下的需要并清晰地表达出来。如此简单的形式，却能带来强有力的改变。

　　当面对别人的评判或指责时，我们通常报之以防卫、回避或攻击。而一旦我们将注意力聚焦在彼此的观察、感受和需要，而不是去诊断和评判，我们就能发现内心深处的善意。随着旧有的反应模式被非暴力沟通所取代，我们便能以一种全新的眼光来看待自己和他人，并且对自己的初心和人际关系保有觉察，进而抗拒、防御和暴力的回应得以减轻或减少。通过强调深度聆听自己和他人，非暴力沟通能够培育我们对他人的尊重、觉察与同理心，并愿意发自内心地相互给予。

　　尽管我称非暴力沟通是一种"沟通过程"或是"善意沟通"，它却不止于此。在一个更深的层面，它是持续的提醒，让我们更好地专注于自己的生命意义和方向。

　　有个故事讲述了一名男子在路灯下四处找东西，一位路过的警察见状问他在做什么。

　　"找我的汽车钥匙。"这位看上去有些醉意的男子回答道。

　　警察询问他："你把钥匙丢在这里了吗？"

　　"不是这里，"男子回答，"我把钥匙落在巷子里了。"

　　见到警察很困惑，男子急忙解释："但这里的光线要亮得多呢。"

我们都对人生拥有渴望。然而我发现，主导我们的文化却可能带我们偏离了方向。为此，我开发了非暴力沟通。它作为一种训练注意力的方式，让我们可以把注意力放在真正要去的地方。我渴望的是，在生命中活出慈悲之心，让由衷的相互给予，在你我之间流动。

那份慈悲心，也是我所说的"由衷的给予"，在我的朋友鲁斯·贝本梅尔（Ruth Bebermeyer）的这段歌词中得到展现：

> 你取之于我，是对我最好的馈赠。
> 请你知道，这种给予带给我快乐。
> 我给予绝非冀盼你偿还，
> 只因我想活出对你的爱。
> 也许，你的欣然接受，
> 就是对我的最佳馈赠。
> 我无法将两者分开。
> 你施与我，我给予我的接受；
> 你取之于我，是对我最好的馈赠。
>
> ——"馈赠"（1978）来自鲁斯·贝本梅尔
> 唱片集《馈赠》

每当我们想要丰盈他人的生命，由衷给予他人时，我们是出于心中油然而生的喜悦之情。给予者和接受者都会从中获益。当给予是由衷的，而非出于害怕、内疚、羞愧或是渴求回报，接受者才能心无挂碍地享受这份馈赠。与此同时，给予者因为看到自己为他人的幸福做出了贡献，也会收获更多的自我肯定。

我们使用非暴力沟通，并不要求沟通的对方也懂得它，甚至无须对我们保有善意。只要我们遵循非暴力沟通的原则，发自内心地给予，并尽我们所能让对方知道这是我们唯一的动机，他们也会加入我们，最终双方必然能以善意相待。当然，这一切不一定会很快发生，但我相信，只要我们坚持非暴力沟通的原则与方法，友善之花终将在你我心中盛开。

非暴力沟通过程

要达到让双方都能发自内心地相互给予，我们需将注意力聚焦在四个方面——它们是非暴力沟通模式的四个要素。

首先，我们观察实际上发生了什么。不论他人的言行是否有益于我们，我们只是去观察。要做到清晰表达所观察到的，我们的挑战在于不夹杂任何评判。不论喜欢与否，我们只是说出人们做了什么。第二步，表达出我们看到这些行为时的感受：是感到伤心、害怕、喜悦、有趣，还是心烦呢？第三步，表达出我们的感受与什么需要相关联。通过对这三个要素的觉察，我们清晰和诚实地表达出自己的状态。

例如，一位母亲想和正值青春期的儿子用非暴力沟通的方式来说话，她可以这样来表达以上三个要素："菲利克斯，看到咖啡桌下的两团脏袜子和电视机旁边的三团脏袜子，我很生气，因为我希望在我们共用的空间里能多些整洁。"

紧接着，她可以表达非暴力沟通的第四个要素——一个具体的请求："你愿意把你的袜子放在你房间或放进洗衣机里吗？"我们借助这

> 非暴力沟通的精髓在于对这四个要素的觉察，而非在交流中具体说了什么。

个要素提出对他人的期许，希望他（她）怎么做来满足我们的需要，让我们的生命更加美好。

非暴力沟通的一部分是对这四个要素的清晰表达，表达的形式也不拘泥于语言。而另一部分则是从对方的表达中了解这四个要素。我们通过感知对方此刻的观察、感受和需要，与他们建立连结，进而聆听他们的请求，来找到通过什么方式让他们的生命变得更丰富。

当我们将注意力持续聚焦在以上几个方面，并协助对方也这样做，我们便在彼此的沟通中创造了一种流动，如此你来我往，最终双方都能自然而然地展现善意：我此刻的观察、感受和需要是什么；为了让我的生命更美好，我的请求是什么；你此刻的观察、感受和需要是什么；为了让你的生命更美好，你的请求是什么？

在使用非暴力沟通时，我们既可以先表达自己，也可以先同理倾听他人。在本书的第三至第六章，我们还将深入地学习如何倾听与表达每一个要素。很重要的一点是，牢记非暴力沟通不是固定公式，人们可以根据不同的情境，以及不同的个人和文化习惯做出调整。为了叙述方便，我将非暴力沟通称为一种"方法"或是"语言"，当然它的实现不一定借助言语。因为，非暴力沟通的精髓在于对这四个要素的觉察，而非在交流中具体说了什么。

非暴力沟通的运用

无论在自我对话、与人互动还是团体交流中，非暴力沟通能让我们在心中怀有善意。因而，人们可以将它有效地运用在不同层面的沟通和多样的情境中，包括：

- 亲密关系
- 家庭
- 学校
- 组织与机构
- 心理辅导与咨询关系
- 外交与商业谈判
- 任何性质的纠纷与冲突

有些人在亲密关系中用非暴力沟通创造了深度的连结与关爱：

> 当我通过非暴力沟通学会了如何接收（聆听）和给予（表达），我不再觉得受伤和忍气吞声，而能聆听并且领会话语背后的感受。我发现，这个与我结婚28年的男人，内心原来如此痛苦。在参加"非暴力沟通"工作坊前的那个周末，他向我提出了离婚……长话短说，今天我们得以一起来到这里，要感谢非暴力沟通为我们带来的美好结局……我学会了聆听感受、表达我的需要、接纳我并不乐意听到的回答。我们都无需讨对方的欢心，而是学着成长、接纳和爱。
>
> ——一位在美国加利福尼亚州圣地亚哥参加工作坊的学员

有的人在工作中用非暴力沟通创造了更高效的关系：

> 我在特殊教育班级中应用非暴力沟通已经一年了，它同样

适用于那些有着表达迟缓、学习困难和行为问题的学生。我的班级里有一位学生，当有人靠近他的课桌时，他会吐口水、骂人、尖叫、用铅笔戳他们。我提醒他："请换一种方式表达，使用你的长颈鹿语言①。"（我在课堂中使用长颈鹿玩偶作为示范非暴力沟通的辅助教具。）他立刻笔挺地站起来，看着那个让他生气的学生，平静地说："当你靠我那么近时，我感到生气。可以请你离我的桌子远点吗？"另一名学生也许会回答："抱歉，我忘了你不喜欢这样。"

我也开始思考如何应对这个孩子带给我的挫败感。我想探索，除了和谐与秩序，我还有什么需要。我意识到，自己投入了许多时间备课，可为了管理课堂纪律，我无法施展我想要实现的创造性与贡献，也没能照顾到其他孩子的学习。当这个孩子再次在课堂中发生不当行为时，我就告诉他："我希望你能注意听我讲。"也许一天中要提醒他100次，但他听到时通常都会重新参与到课堂中。

——美国伊利诺斯州芝加哥市的一名教师

一位医生写道：

我越来越多地在医疗工作中使用非暴力沟通。有的病人问

---

① 译者按：马歇尔博士在介绍非暴力沟通时使用了两个动物作为比喻，用长颈鹿来代表非暴力沟通，豺狗来代表疏离生命的语言。

我是否是心理医生，因为医生通常并不关心患者的生活方式和对疾病的态度。非暴力沟通帮助我理解病人的需要以及特定时刻他们想要听些什么。我发现这对治疗白血病和艾滋病感染者格外有用，由于他们带着强烈的愤怒与痛苦，医患沟通通常存在极大的阻力。有一位女性艾滋感染者在过去五年中接受我的治疗，最近，她告诉我，我努力帮助她寻找生活的乐趣，是她得到的最大帮助。非暴力沟通功不可没！而在过去，当我知道病人得了不治之症，便满脑子只想着病情会如何发展，而很难真诚地鼓励他们好好生活。通过非暴力沟通，我发展了新的语言模式，同时也获得了新的意识状态。它与我的医疗工作相辅相成，令我惊喜不已。将非暴力沟通运用到工作中，让我感到精力充沛并乐在其中。

——一位来自法国巴黎的医生

还有些人在政治领域使用非暴力沟通：

法国的一位内阁部长在探望她的妹妹时，注意到妹妹和妹夫之间的沟通与从前很不一样。听了他们对非暴力沟通的介绍，她深受鼓舞，随即提到下周她将要参与的一场谈判会议，涉及法国与阿尔及利亚之间有关收养程序的敏感话题。尽管时间紧迫，我们还是派了一位说法语的培训师前往巴黎协助这位内阁部长工作。后来她将此次谈判的成功归功于新学到的非暴力沟通方法。

在耶路撒冷，有着不同政治立场的以色列人共同参加了一次工作坊，他们用非暴力沟通的方式对有高度争议的约旦河西岸问题发表意见。许多在西岸地区安家的以色列人相信他们的行为是在行使宗教所赋予的权利。因此他们不仅深陷与巴勒斯坦人的冲突，还与那些认可巴勒斯坦人在这一地区享有国土主权完整的以色列人陷入对立。在工作坊的一个环节中，我与一名培训师示范了用非暴力沟通的方式来同理倾听，然后邀请参与者们轮流以对方的立场做角色扮演。20分钟之后，一位西岸的定居者宣布，如果她的政治对手能像这样聆听她的心声，她愿意考虑放弃在西岸的土地产权，搬迁到国际认可的以色列领土。

在世界各地，有些地区面临着激烈的暴力冲突。对于剑拔弩张的族群、政治或宗教关系，非暴力沟通为冲突调解提供了有效的支持。看到非暴力沟通培训的普及以及人们使用它来调解在以色列、巴勒斯坦地区、尼日利亚、卢旺达、塞拉利昂和其他地区的冲突，我倍感欣慰。有一次我与工作伙伴们在贝尔格莱德紧张地工作了3天，培训在那里为和平工作的市民们。他们的国家深陷于波斯尼亚和克罗地亚之间的一场残酷战争中。我们刚抵达时，绝望之情在他们的脸上清晰可见。随着培训的推进，他们在发言中有了笑声，分享自己找回了渴望已久的力量，并为此深感喜悦和感激。接下来的两周，在克罗地亚、以色列以及巴勒斯坦的工作坊中，我们不断见证着——通过非暴力沟通，那些饱受战争摧残而绝望的人们重获了力量与信心。

能有机会在世界各地教授非暴力沟通，见证它为人们带来力量和喜悦，我深感幸运。此刻，我为能通过此书与大家分享非暴力沟通的丰富内容而感到十分欣慰。

小结

非暴力沟通帮助我们与他人和自己建立连结，使我们得以流露与生俱来的慈悲之心。它指引我们通过将注意力聚焦在观察、感受、需要和请求这四个要素，来重新构建表达和聆听的方式。

非暴力沟通培育深度倾听的能力，让我们带着尊重和同理心对待他人，并且发自内心地相互给予。用非暴力沟通的方式，有的人学会了爱自己，有的人在人际关系中创造了更深厚的连结，有的人在工作或政治领域中建立了更有效的关系。在世界各地，非暴力沟通还被用来调和各个层面的纠纷和冲突。

非暴力沟通实例

本书的"非暴力沟通实例"，旨在让读者体会非暴力沟通在实际生活中的应用。不过，非暴力沟通并不只是一种语言或是一套说话的技巧。人们也能通过静默、临在的状态以及面部表情和肢体语言来表达意识和用意。这里的实例是实际对话的摘要和删节版。在实际交流中，无声的同理倾听、讲故事、幽默的语言、姿态……都能让双方的连结更自然。

"杀人犯！凶手！杀孩子的刽子手！"

我曾在伯利恒一处难民营的清真寺里，向170多位巴勒斯坦穆斯林男子介绍非暴力沟通。演说中，我突然注意到听众席中传来一阵低声的骚动。"他们在暗暗说你是美国人！"我的翻译刚警告完我，一名男子就从台下冲到他跟前，径直面向我使劲喊道："杀人犯！"瞬即，许多人大声附和道："凶手！""杀孩子的刽子手！""杀人犯！"

幸好，我努力让自己全神贯注地体会那名男子当时的感受和需要。来难民营的途中，我看到许多前一天晚上射入难民营的催泪弹弹壳，每只弹筒上"美国制造"这几个字清晰可见。我理解难民们对美国向以色列供应催泪弹和其他武器满怀愤怒。

我向那个称我为杀人犯的男子回应道：

马歇尔：你很生气，是因为你希望我的政府能改变使用资源的方式是吗？（我并不知道我的猜测是否准确，但重要的是，我诚恳而努力地体会着他的感受和需要。）

男　子：天杀的，我当然生气！难道你认为我们需要催泪弹？我们需要排水管，而不是催泪弹！我们需要房子！我们需要有自己的国家！

马歇尔：所以，你很愤怒，你希望得到支持来改善你们的生活条件，并且获得政治独立，是这样吗？

男　子：你知道我和家人、孩子还有所有人在这里住了27年是什么滋味吗？你能想象这对我们意味着什么吗，哪怕只是一点点？

马歇尔：听起来，你感到非常绝望，你想知道，我或者别人是否能够真

　　　　　正理解这样生活的滋味，对吗？

男　子：你想来理解吗？告诉我，你有孩子吗？他们有学上吗？他们有玩耍的操场？我的儿子病了！他在水沟里玩耍！他的教室里没有课本！你见过没有课本的学校吗？

马歇尔：我听到，在这里抚养孩子，对你来说是多么痛苦。你希望我知道，你所要的是每一个父母都想给孩子的——好的教育、玩耍的机会、健康的环境……

男　子：是的，就这些基本的东西！你们美国人不是说这是人权吗？何不让更多的美国人来这里看看，你们把什么样的人权带到了这里！

马歇尔：你希望更多的美国人意识到这里的人们所忍受的煎熬，并能更深地认识到我们的政治行动对你们造成的影响，是吗？

　　我们的对话就这样进行了20多分钟，他一直在表达痛苦，而我持续地聆听每一句话背后所包含的感受和需要。我不表达认同或不认同，也不将他的话当作攻击。在我看来，这是一份来自人类同胞的礼物：这个人和我分享的，是他的灵魂以及他深深的脆弱。

　　当他感受到被我充分理解后，他开始愿意听我解释来难民营的目的。一小时后，这位原本称我为杀人犯的男子邀请我到他家中享用了一顿丰盛的斋月晚餐。

第二章

疏离生命的语言

你们不要论断人，免得你们被论断。

因为你们怎样论断人，也必怎样被论断。

——《圣经·马太福音 7:1》

是什么使我们难以体会天性中的慈悲和善意？在研究这个议题时，我发现，某些语言与表达方式造成了人们对自己和他人的暴力。我将这些表达方式称为"疏离生命的语言"。

道德评判

道德评判是其中的一种。当他人的行为与我们的价值观不符，我们便认为这个人是错的或是恶的。例如：

"你的问题就是太自私了。"

"她很懒。"

"他们有偏见。"

> "在对与错的区分之外，有一片田野，我将在那里遇见你。"

"这样做不恰当。"

指责、侮辱、贴标签、批评、比较、分析都是评判的形式。

苏菲派诗人鲁米曾写道："在对与错的区分之外，有一片田野，我将在那里遇见你。"然而，疏离生命的语言却让我们陷入充满评判的对与错的世界中。这时我们关注的往往只有好与坏、正常还是不正常、负责任还是不负责任、聪明还是愚蠢，等等。

我从小就学会了以一种看似不带个人色彩的方式说话，以免泄露自己的内心世界。遇到不喜欢或无法理解的人和行为，我会认为是他们有问题。如果不想做老师布置的作业，我就会说他们"刻薄""不可理喻"；如果塞车时有人插队，我会脱口而出："你这混蛋！"

使用这类语言时，我们满脑子想的都是别人哪里做得不对。同样的，要是达不到自己的期待，我们也会这样批评自己。我们一心都在分析和追究自己和他人有什么问题，却不曾思索自己和他人有什么需要没有得到满足。

如此这般，如果我的伴侣想要多一些体贴，我就会说她"要求太多、太黏人"；可如果我想要多一些体贴，我就会说她"太冷漠、太麻木"。如果同事比我更在意细节，我就会说他"挑剔、有强迫症"；反之，如果我比他更在意细节，我就会说他"做事懒散、不严谨"。

在我看来，当我们在分析和评判时，其实都是在表达自身的价值观和需要，但这样的表达方式却是悲剧性的，引发的是对方的防卫与抗拒。就算他人遵从了我们，很有可能是出于恐惧、内疚或羞愧，而非发自内心。而同时，人们这样做其实意味着他们接受了我们的评判，真是两败俱伤。迟早有一天，我们会发现对方不再那么友好，因为由于内部

> 重要的是不要把"价值判断"与"道德评判"混为一谈。

或外部压力而屈服的人们一定会心怀怨恨,他们由此失去尊严,在情绪上付出代价,更不可能怀着善意回应我们的需要和价值观。

在这里,重要的是不要把"价值判断"与"道德评判"混为一谈。每个人都会对生命中自己所珍视的品质做出价值判断。例如,我们也许会珍视诚实、自由、和平。价值判断反映着我们的信念——我们如何全然地活出自己的生命的本性。对于那些不符合我们价值观的人和行为,我们常常会做出道德评判。例如,我们也许会在和平的价值观受到冲击时说:"暴力是不好的。杀人者很邪恶。"但如果从小学习非暴力沟通,我们就能够清楚而直接地表达出自己的需要和价值观,而不是指责他人。我们可以说:"对于通过暴力来解决冲突,我很担心,我希望能选择其他方式来化解纷争。"

科罗拉多大学的心理学教授哈维(O.J.Harvey)专门研究了语言和暴力的关系。他从许多国家的文献中随机抽取了若干样本,统计出那些涉及道德评判的词语使用频率。研究结果显示,这类词语的使用频率越高,暴力事件就越频繁。相较于那些将人分为好和坏、认为坏人应当受到惩罚的文化,在那些关注人的需要的文化中,暴力事件也会少很多。对此我一点也不感到意外。在美国,在儿童最有可能观看电视的时段中,有75%的节目在播放英雄们杀人或暴打他人的情节。而这些暴力场面往往被视为节目的"高潮"。观众之所以看得津津有味,正是因为文化教导让他们相信"坏人应当被惩罚"。

不论是发生在家庭成员、种族、国家间的语言暴力,还是心理或肢体暴力,这些暴力的根源都是人们在遇到冲突时,认为那是对方的错,也因而看不到彼此的脆弱。我们可以从冷战中看到这种思维的危险性。美国的领导人将苏联视为势必要摧毁美国式生活的"邪恶帝国",苏联领导人则将美国人称为试图征服他们的"帝国主义压迫者"。双方都没有意识到这些标签背后隐藏的恐惧。

做比较

评判的另一种形式是做比较。在《如何让自己活得很悲惨》一书中，作者丹·格林伯格（Dan Greenburg）诙谐地揭示了"比较"的心态是如何暗中对我们产生作用的。他建议读者，如果真的想让自己的生活变得悲惨，就去学着与他人做比较。在一个练习中，他展示了两张男人和女人的全身像，他们都拥有时下媒体眼中的"完美"身材，接着，他请读者们测量自己的身材尺寸后与照片上的数字做比较，同时用心体会两者之间的差距。

一旦我们开始比较，就会感到郁闷！此练习的效果绝对百发百中。当人们以为这样已经足够郁闷时，翻到下一页练习，便会发现刚才只是热身罢了。由于形体美相对来说是表面的，格林伯格接着请人们针对他们更在乎的事情——"成就"来做比较。他从电话簿中随机选出几个人名让读者比较自己和那些人的成就。他称电话簿中的第一个名字是莫扎特，随即列出了莫扎特擅长的语言和他在十多岁前完成的主要作品。接着他要求读者们想一想自己现在的成就，并和莫扎特12岁时的成就做出比较，用心体会两者之间的差距。

想必，读者们就算不做上述练习，也能看到比较是如何切断我们对人对己的善意。

> 每一个人都对自己的思想、情感与行为负有责任，若无法意识到这点，沟通也会疏离与生命的连结。

推卸责任

每一个人都对自己的思想、情感与行为负有责任，若无法意识到这点，沟通也会疏离与生命的连结。我们习惯使用"不得不"这样的表达方式来淡化对自己行为所负的责任。例如"有些事不管你喜不喜欢，都不得不做"。另一个习惯表达是"让人感到"。例如"你让我感到内疚"。借由这样的说法，我们也回避了为自己的感受和想法所负的责任。

在《艾希曼在耶路撒冷》一书中，作者汉娜·阿伦特（Hannah Arendt）记录了审判纳粹军官阿道夫·艾希曼（Adolph Eichmann）的过程。审判中艾希曼否认自己对屠杀负有责任。对此，阿伦特发现军官们有一套卸责的语言，引用艾希曼的话，这是他们在执行"命令"（德语原文：Amtssprache）。例如，如果他们被问到为何要采取某个行动时，他们就会回答："我不得不那么做。"若被追问为什么"不得不那么做"，他们就会说那是"上级的命令"或"公司政策""法律规定"。

当我们将行动的原因归咎于外部因素时，我们便在试图推卸自己的责任。诸如：

- 模糊的外部因素：
  "我打扫我的房间，因为我不得不做。"
- 个人状况、医疗诊断结果、身体或心理病史：
  "因为我有酒瘾，所以我喝酒。"
- 他人的行为：
  "我的孩子冲上了马路，所以我才会打他。"

- 权威的命令：

  "我欺骗客户，因为老板叫我这么做。"
- 群体压力：

  "朋友都抽烟，所以我也开始抽烟了。"
- 机构政策、章程、规定：

  "因为你的违规行为，所以我不得不勒令你停学，这是学校的制度。"
- 性别角色、社会角色或年龄角色：

  "我厌恶上班。我去工作，因为我是一名丈夫和父亲。"
- 无法抑制的冲动：

  "我一时没克制住，就把那根棒棒糖给吃了。"

有一次，我与一群家长和老师们讨论，如果语言中暗示别无选择，会带来什么危险。结果有一位女士气愤地反对道："有些事情不管你喜不喜欢，你就是非做不可！并且我认为，告诉我的孩子们有些事他们也必须做并没有什么不对。"于是我问她："有什么事情是你非做不可的？"她立刻回答："这太容易了！今晚离开这里回到家后，我就必须要做饭。我讨厌做饭！讨厌到了极点！20年来，每天我都不得不做饭，哪怕有时累得像条狗也一样。因为，这些事情就是非做不可。"我告诉她，听到她花了那么多时间做自己不喜欢的事情，只是因为她认为必须要这么做，我很难过。我希望她在学了非暴力沟通后能找到让她更开心的选择。

所幸这位女士的学习能力很强。工作坊结束后，她就向家人宣布，她不想再做饭了！三个星期后，她的两个儿子也来参加我的工作坊，我好奇地询问他们如何看待母亲的决定。大儿子叹了一口气说："马歇尔，当时我心想，真是谢天谢地啊！"看到我一脸困惑的表情，他解释道："她终于不用在每次吃饭时发牢骚了！"

还有一次，我在某个学区担任顾问。我请老师们练习如何在课堂中使用非暴力沟通语言，借此提升学生们的意识，学会为自己的行为负责。一位老师随即表示："我厌恶打分。我认为这对学生没什么好处，反而为他们带来焦虑。但我不得不打分，这是学区的规定。"于是，我建议那位老师练习将"我不得不打分，因为这是学区的规定"转换为"我选择打分，因为我想要……"她脱口而出回答："我选择打分，因为我想保住这份工作。"然后，她又连忙补充道："但我不喜欢这样说，因为这会让我觉得要为我所做的事情负责。"我回答她："所以我才希望你这样说呀！"

法国作家和记者乔治·贝尔纳诺斯（George Bernanos）有段话颇能引发我的共鸣，他说：

"我常想，若有一天日渐强大的摧毁性技术使人类从地球上灭绝，真正要对此负责的远非是技术本身（当然技术暴行会唤醒人们，招来人们对技术的反击与仇视），而是现代人的唯唯诺诺、缺乏责任感、毕恭毕敬地服从每一个司空见惯的规定。我们所看到的悲剧以及即将来临的更大悲剧，并非是世界上反抗、不服从的人增多了，而是唯命是从、听话的人越来越多。"

——乔治·贝尔纳诺斯

> 当我们以"要求"的方式来表达我们的诉求时，实际上是在或明或暗地指责或惩罚那些不配合我们的人。

其他疏离生命的沟通形式

当我们以"要求"的方式来表达我们的诉求时，实际上是在或明或暗地指责或惩罚那些不配合我们的人。这样的沟通方式在我们的文化中司空见惯，特别是来自那些有着权力地位的人。

关于"要求"，我从孩子们那里学到了许多宝贵的教训。不知从何时起，我有了这样的观念——作为家长，我有责任要求孩子们做什么。家长、老师、管理者……许多掌握权威的人同样相信，他们的工作就是去改变他人、让他人守规矩。是孩子们让我明白，我无法要求他们去做任何事。是的，我可以通过惩罚，让他们服从我的要求或让他们后悔没有照着我的话去做，但他们终将让我明白，用惩罚的方式强迫他人是多么愚蠢，而我真希望自己不曾用那样的方式来对待他们。这是一次关于谦卑的学习。

在第六章中，我们将再次探究非暴力沟通中的这一重要主题：区分"请求"与"要求"。

疏离生命的语言还与"奖惩"思维有关，即有的行为应该受到奖赏，而有的行为就该受到惩罚。人们常用"活该"这样的字眼来表达这种思维。诸如，"他活该为自己的所作所为受到处罚"。这样的表达其实隐含着一种假设：做出某些事情的人必定是"坏人"，他们应当受到处罚，他们应该忏悔并且做出改变。然而，我相信所有人都渴望改变，那是因为人们明白改变能为自己带来益处，而不是因为不想受到惩罚。

我们大多数人在贴标签、做比较、要求和评判的语言环境中长大，鲜少被鼓励去觉察自己的感受和需要。我认为，疏离生命的语言植根于影响了我们数千年的性恶论，这一人性观强调人性本恶，认为人们需要通过教导来压制某些卑劣天性。但这样的教育时常让我们对自己的感受和需要心存疑虑，于是我们早早地就学会了与自己的内心隔绝。

疏离生命的语言既源于等级制度或霸权社会，又反过来巩固它们。在这类社会中少数个体通过控制大部分人为自己牟利。对国王、沙皇、贵族阶层来说，将臣民的心智模式训练成奴隶般顺从听话，最符合他们的利益。诸如"错误""应该""不得不"的语言是完美的工具。人们越是被教育用道德评判来区分对错、好坏，就越是习惯向外、向权威寻求判断的标准。一旦我们开始聆听自己内心的感受和需要，便不再是好奴隶、好随从。

小结

由衷地给予和接受，是人类天性所乐见的。然而我们习得了太多疏离生命的语言形式，导致我们的说话和行为方式给他人和自己带来伤害。其中的一种形式是道德评判，即认为那些不符合我们价值观的人是不对的、不好的。另一种形式是做比较，让人们难以升起对人对己的善意。疏离生命的语言还会使我们无法认清：每个人要为自己的想法、感受和行为负责。此外，还有一种形式是用要求来表达我们的诉求。

第三章

不带评论的观察

> 去观察，就像信仰一样重要。
> ——弗雷德里克·布希纳（Frederick Buechner）

我欣然接受你告诉我，
我做了什么或者我未做什么。
我也欣然接受你的评论，
但请不要将两者混淆。
如果你想把事情搅乱，
我可以告诉你如何做到：
将我做的事情
和你的反应混为一谈。
当你见到做了一半的家务活，
可以告诉我你感到失望。
但说我不负责任，
绝无可能让我做得更多。
当我对你的表白说"不"，
请告诉我你感到伤心。
但说我冷酷无情，
并不能给你带来更多机会。
是的，
我欣然接受你告诉我，
我做了什么或者我未做什么。
我也欣然接受你的评论，
但请不要将两者混淆。
——马歇尔·卢森堡博士

> 非暴力沟通并不要求我们保持完全客观，不做任何评论。它只是强调，我们要区分观察与评论。

非暴力沟通的第一个要素是区分观察与评论。我们要清楚地观察有哪些所见、所闻和所触，正影响着我们幸福，而不夹杂任何评论。

在非暴力沟通中，当我们想要清晰且诚恳地向他人表达我们的状态时，"观察"是一个重要的要素。如果我们在观察中夹杂着评论，人们便不那么容易真正听见我们想要表达的内容，反而会听到批评，甚至产生抗拒心理。

非暴力沟通并不要求我们保持完全客观，不做任何评论。它只是强调，我们要区分观察与评论。非暴力沟通是一个动态的语言，它不鼓励一成不变、一概而论的陈述。语义学家温戴尔·约翰逊（Wendell Johnson）指出，用静态的语言来表达或捕捉瞬息万变的现实世界，会带来许多问题。他说："我们的语言年代久远，是有缺陷的工具。它反映着泛灵论的思想，倾向于谈论稳定与恒常，谈论相似性、常态和分类，神奇的转变、立竿见影的疗效、简化的问题以及终极解决方案。然而，我们尝试用语言符号化的这个世界，却包含了无穷无尽的过程、变化、维度、变数、关系、功能、互动、发展、学习、应对和复杂性。不断变化的世界与我们相对静态的语言形式并不匹配，我们的许多问题正是因此产生。"

我的同事鲁斯·贝本梅尔在这段歌词中对比了静态语言与动态语言，由此来展现评论与观察的区别：

> 我从未见过什么懒汉，
> 我见过的他，有时在白天睡觉，
> 在某个下雨的日子呆在家里，
> 但他不是个懒汉。

请在说我胡言乱语之前，
想一想，他真的是个懒汉，还是
他的行为被我们贴上了"懒惰"的标签？
我从未见过什么傻孩子，
这个孩子有时做的事，
我不理解或始料不及，
这个孩子的看法与我不同，
但他不是个傻孩子。
请在你说他傻之前，
想一想，他是个傻孩子，还是
他知道的事情和你不同？
我使劲看了又看，
却从未看到一个厨师，
我看到的是一个人，为我们的餐食调配食材，
那个人点燃灶火，看着炉子上正烹饪着的菜肴，
我看到的只是这些，而不是厨师。
请告诉我，当你看的时候，
你看到的是位厨师，还是
有个人做的事情被我们称为烹饪？
有些人所说的懒惰，
另一些人却说那是淡泊人生；
有些人所说的愚蠢，
另一些人称为看法不同。
因此，我得出结论，

如果不在所见中夹杂我们的观点，
我们便可以避免混乱。
可能你还有困惑，
因而，我还想说的是：
我知道这只是我的看法。

——鲁斯·贝本梅尔

使用诸如"懒惰""傻"这类负面标签所带来的影响或许显而易见。但即使是像"厨师"这样所谓正向或者看上去中性的标签，也会妨碍我们全面地看到一个人。

人类智力的最高形式

印度哲学家克里希那穆提（J. Krishnamurti）曾经说："不带评论的观察是人类智力的最高形式。"第一次读到这个观点时，我的脑海中立马闪现出一个念头："简直是胡说八道。"它快到以至于我都无法意识到自己正在做出一个评论。对大部分人来说，观察他人而不做任何评判、批判或分析是很困难的。

有一次我为一所小学提供咨询服务，对此有了深刻的体会。这所学校的教职员工与校长时常反映彼此之间很难沟通。于是，学区负责人请我为他们化解冲突。我首先和教职员工交谈，接着邀请校长加入会谈。

会谈开始时，我先询问教职员工："校长做了什么不符合你们的需要？"

"他是个大嘴巴！"有人马上回答。我提问的是观察——校长说了什么或做了什么，而"大嘴巴"却是这位老师对校长的评论。

当我指出这一点后，另一位老师响应道："我知道他的意思了。校长的话太多！"这仍不是一个清晰的观察，而是对校长说多少话的评论。随后，第三位老师说："他认为只有他想说的话是重要的。"我进而向他们解释，推断他人的想法和对他人行为的观察是两码事。随后，第四位老师大胆地说："他总是想成为人前的焦点。"当我指出这也是推断时，两位老师不约而同地说道："你的问题太难回答了！"

接着，我们一起拟了份清单，明确列出校长有哪些具体行为令他们感到不满，并确保不掺杂评论。例如，在全体教师会议上，校长会讲述他的童年和战争经历，有时导致会议超时20分钟。我问老师们是否曾经和校长沟通过他们的不满，他们说曾经试过，但都用具有评论意味的言辞向校长提出批评，而从未提及任何具体行为，例如校长在会议中讲述自己的故事。最后，老师们同意在与校长会谈时将这一点提出来。

会谈刚一开始，我便目睹了老师们所描述的情景。不论讨论的主题是什么，校长都会插话说："想当年……"接着开始讲述他的童年或战争经历。我等着老师们表达他们的不满。然而，他们并没有运用非暴力沟通的方式，而是无声的抗议。有的人开始翻白眼，有的人故意打着哈欠，还有个人一直盯着手表。

直到我按捺不住问他们："没有人有话要说吗？"迎来的是一阵令人尴尬的沉默。接着，之前会谈中率先发言的那位老师鼓起勇气，直视着校长，然后说出："艾德，你真是个大嘴巴！"

就像这个故事所展现的，从我们的旧习惯中挣脱出来，并有能力熟练地区分观察与评论并不容易。最终，老师们终于可以明明白白地告诉校长，他们对他的哪些行为感到不满。校长认真地听完后郑重地说："为什么从没有人告诉我呢？"他承认他有讲故事的习惯，接着就开始说与这个习惯有关的故事了！我见状打断了他的话，婉转地提出他在重蹈覆辙。会议最后，我们商量了一些办法，以后当老师们不想听校长回忆往事时，就用温和的方式提醒他。

区分观察和评论

在以下列表中，我举例说明如何从混杂着评论的句子中区分出观察。

表达方式	混淆观察和评论	区分观察和评论
1. 未对自己的评论负责。	你太大方了。	当我看到你将午餐的钱都给了别人，我认为你这样做太大方了。
2. 使用的动词暗含评论。	道格爱拖延。	道格只在考试前一晚学习。
3. 推断他人的想法、感受、意向或愿望时，暗示这是唯一可能。	她无法完成工作。	我不认为她能完成工作。或她说："我无法完成工作。"
4. 把预测当作确定的事实。	如果你的饮食不均衡，健康就会出问题。	如果你的饮食不均衡，我担心你的健康会出问题。
5. 指代不具体。	这户移民家庭照顾不好自家的院落。	我没有看到过住在罗斯路1679号的那户移民家庭铲路边的雪。

续表

表达方式	混淆观察和评论	区分观察和评论
6. 在描述他人能力时，并未表明那只是自己所做的评论。	汉克·史密斯是个糟糕的足球运动员。	汉克·史密斯在20场球赛中未能进一个球。
7. 使用含有评论意味的形容词和副词。	吉姆长得难看。	吉姆的长相对我没有吸引力。

注意：总是、永远、从来、每次之类的词语在以下用法中表达的是观察：

- 每次我看到杰克打电话，他都至少打半小时。
- 我记得你从来没有写信给我。

然而有时，这些词是言过其实的表达，混淆了观察和评论：

- 你总是在忙。
- 在需要她的时候，她永远都不在。

这样的表达经常会引发他人的逆反心理，而非慈悲之情。

"经常""很少"这样的词也可能混淆观察和评论。

评论	观察
你很少配合我。	上一次当我提议一项活动时，你说你不想做。
他时常来访。	他上个月每周至少有三次来访。

小结

非暴力沟通的第一个要素是区分观察与评论。当我们在观察中夹杂着自己的评论时,他人往往会认为我们在批评他们,并因而产生抗拒的心理。非暴力沟通是一种动态的语言,它不鼓励人们做静态、一概而论的陈述,而是提倡我们在描述观察时,清楚地说出特定的时间和情境。例如"汉克在过去20场球赛中未进一球",而非"汉克是名糟糕的足球运动员"。

非暴力沟通实例

"我们遇到过的最傲慢的演讲者!"

以下对话来自我主持的一场工作坊。在讲解了约半小时后,我停下来请学员谈谈他们的心得。这时,有人举起手说:"你是我们遇到过的最傲慢的演讲者!"

当听到有人这样说我,我的回应方式可以有几种选择。其中一种是认为这确实是我的问题。我知道,一旦我想讨好对方、为自己辩护或开脱,就可以将错误归咎到自己身上。另一种方式是认为对方在攻击我而开始反击，这也是我过去时常选择的方式。而这一次，我选择了第三种方式，既没有辩解也没有指责对方，而是将注意力放在他言语背后发生了什么。

马歇尔：（猜测他的观察）你这么说，是针对我连续讲了半小时才给你们机会发表意见吗？
菲　尔：不是，你把事情说得太简单了。
马歇尔：（请他澄清）那是不是因为我没有提到非暴力沟通对有些人来说用起来会很困难？
菲　尔：不，不是有些人，而是你！
马歇尔：所以，你这么说是因为我没有提到，有时我也很难运用非暴力沟通，是吗？
菲　尔：正是。
马歇尔：你感到不高兴，因为你希望我能告诉你们，我自己在使用这个方法时会遇到的困难？
菲　尔：（犹豫了一会儿）没错。
马歇尔：（当我能体会到他的感受和需要时，我感到放松了许多，我开始关注他的请求）你是不是希望此时我能够承认，我自己在运用这个方法的时候，也会遇到一些困难？
菲　尔：是的。
马歇尔：（当我清楚地了解了他的观察、感受、需要以及请求后，我问自己是否愿意满足他的请求）是的，这个方法对我来说也是不容易的。在接下来的时间里，你也许会听到我讲述那些抓狂的时刻，有时甚至完全做不到。而当我真的能够运用非暴力沟通时，就可以和他人建立紧密的连结。因此，尽管有许多困难，我依然愿意坚持尝试这个方法。

练习一：观察还是评论？

请完成以下练习，看看你是否可以熟练区分观察和评论。请标出那些只是描述观察而不带有评论的句子。

1. "昨天，约翰无缘无故冲我发脾气。"
2. "昨天晚上，南希一边看电视一边咬指甲。"
3. "会议上我没有听到桑姆询问我的意见。"
4. "我的父亲是个好人。"
5. "詹尼斯花在工作上的时间太多了。"
6. "亨利很强势。"
7. "这周，潘每天第一个来排队。"
8. "我的儿子经常不刷牙。"
9. "卢克说，我穿黄色衣服不好看。"
10. "姑姑和我说话时一直在抱怨。"

以下是我对练习一的回应：

1. 如果你认为这句话是观察，我们的意见不同。我认为"无缘无故"是评论。此外，我认为说约翰"发脾气"也是评论。他也许感到受伤、害怕、伤心……不带有评论的观察可以是："约翰告诉我他在生气。"或者是："约翰用拳头砸了一下桌子。"

2. 如果你认为这句话是观察，我们的意见一致，这是一个不带评论的观察。

3. 如果你认为这句话是观察，我们的意见一致，这是一个不带评论的观察。

4. 如果你认为这句话是观察，我们的意见不同。我认为"好人"是评论。不带评论的观察可以是："过去25年来，我的父亲将他收入的十分之一捐给了慈善事业。"

5. 如果你认为这句话是观察，我们的意见不同。我认为"太多"是评论。不带评论的观察可以是："这周詹尼斯在办公室工作了60小时以上。"

6. 如果你认为这句话是观察，我们的意见不同。我认为"强势"是评论。不带评论的观察可以是："亨利在妹妹切换电视频道时撞了她一下。"

7. 如果你认为这句话是观察，我们的意见一致，这是一个不带评论的观察。

8. 如果你认为这句话是观察，我们的意见不同。我认为"经常"是评论。不带评论的观察可以是："本周我的儿子有两次没有在睡觉前刷牙。"

9. 如果你认为这句话是观察，我们的意见一致，这是一个不带评论的观察。

10. 如果你认为这句话是观察，我们的意见不同。我认为"爱发牢骚"是评论。不带评论的观察可以是："这周我的姑姑给我打了3次电话，每次她都会说起别人用她不喜欢的方式对待她。"

面具

总有一副面具
由纤细白皙的手举着,
在她的脸前。
那轻握面具的手腕
甚是老练,
然而,是否有时,
会有颤抖的一刻,
举着面具的指尖
略微地松动呢?
年复一年,我不禁好奇,
但不敢问
终于
无意中
窥见了面具背后
却什么也没有。
她没有脸孔。
她已成了
优雅地
举着面具的手。
——佚名

成熟的人能捕捉到感受的细微差别,不论是强烈热忱的,还是微妙细腻的,就好像聆听交响乐的不同乐章。

——罗洛·梅

第四章

体会与表达感受

非暴力沟通的第一个要素是不带评论的观察；第二个要素则是如何表达内心的感受。心理治疗师罗洛·梅（Rollo May）认为："成熟的人能捕捉到感受的细微差别，不论是强烈热忱的，还是微妙细腻的，就好像聆听交响乐的不同乐章。"然而对许多人来说，我们所能体会的感受就如他所描述的，"像军号上的音符一样单调"。

压抑感受的代价

相比形容感受的词汇数量，我们用来评论他人的词汇通常要多得多。我在美国上了21年学，却想不起有什么人问过我的感受。人们认为感受是无关紧要的，重要的是各种权威所界定的"正确思考方式"。我们被训练成以他人为导向，而非聆听自己。我们逐渐习惯于考虑："人们期待我怎样说话和做事？"

我们是如何开始与感受渐行渐远的呢？回想起我9岁那年，有一天放学后，我躲在教室里，想要避开在校外等着打我的几个男生。一位老师发现了我，让我离开学校。当我告诉她我很害怕时，她斩钉截铁地对我说:"男孩子不要胆小怕事!"几年后,作为运动员,我的感受更显得微不足道。教练们评估运动员的方式是他们是否拼尽了全力,即使身体疼痛,也在继续迎战。有一次我的手腕骨折,我没有接受任何治疗,依然忍痛坚持了一个月的棒球训练。

在一次工作坊上,一位大学生提到他的室友在夜晚将音响开得很大声,一整夜他都无法入睡。我询问他对此事的感受,他说:"我觉得晚上把音乐放得这么大声是不对的。"我提醒他,虽然他用了"觉得"这个词,但他所表达的是他的想法,而非感受。我请他再次试着表达感受。这一次,他说:"我觉得,那样做会打扰到别人。"我向他解释,这依然是一个想法而非感受。他想了想,激动地大声说:"我对这件事情没有任何感受可言!"

很明显,这位学生有着强烈的感受。遗憾的是,他体会不到感受,更不用说表达了。对许多人来说,体会和表达感受并不容易,对律师、工程师、警察、企业经理人、军人尤为困难,流露情感与他们的职业形象相冲突。而在家庭中,家人之间无法交流情感,是很悲哀的。乡村歌手瑞芭·麦克英特尔(Reba McEntire)在父亲过世时写了一首歌,名为《我未曾认识的伟大人物》。许多人渴望与父亲建立情感连结,却从未能做到,她表达的正是这样一份感伤。

我经常听到这样的说法:"请别误会我的意思,我的先生是个很棒的男人,只不过我从来不知道他有什么感受。"有一次,一位女士将先生带到了工作坊中,上课时,她对他说:"我觉得我就像嫁给了一堵墙。"而这位先生的反应真的像极了一堵墙,他坐在那里一动不动、一言不发。恼羞成怒的太太转向我大声说:"你看!他永远都是这样,坐在那里,一句话也不说。我真的像在和一堵墙过日子。"

"你是不是感到孤单，想要和先生有更多情感上的交流？"我回应她。在她表示认同后，我尝试让她理解，类似"我觉得我就像嫁给了一堵墙"这样的话，不太可能让她的先生明白她的感受与渴望，反而更容易认为她在批评他。并且，这类话语最后往往会真的应验，也就是说，当先生听到太太批评他"像一堵墙"时，会感到委屈和气馁，因而不愿意做出回应。这样一来，先生像是一堵墙的印象便会在太太心中进一步得到强化。

提升表达感受的能力不仅有利于促进我们的亲密关系，对职场关系也会有帮助。一次，我为一家瑞士大公司的技术部门做咨询。他们面临的困扰是，其他部门的同事不愿和他们打交道。在接受访问时，其他部门的同事表示："和他们说话就像对着一堆机器，所以我们不喜欢找他们咨询问题。"于是，我鼓励技术部门的成员在与同事们沟通时更多地表达他们的感受，之后情况就改善了。

还有一次，我应邀为一所医院的行政管理层担任顾问。他们有一个计划需要医生的支持，但在不久前，医生们以 17:1 的投票否决了该计划。对于接下来和医生的对谈，管理层非常焦虑，期盼着我能向他们展示如何使用非暴力沟通来取得医生的支持。

在模拟管理层与医生的对话时，我首先扮演了一名行政管理人员来开启谈话："再一次提出这个计划，我感到非常惶恐。"之所以选择了这样的开场白，是因为我体会到管理层对于和医生重启协商有着诸多害怕。但我还没来得及往下说，一位负责人便打断了我并抗议道："这太不切实际了！我们决不能告诉医生们我们有多么害怕。"

当我问他为何不能承认自己的感受时，他毫不犹豫地答道："一旦我们示弱，他们会将我们批得体无完肤。"对于他的回答，我并不意外。

对许多人来说，在工作中表达感受是无法想象的事情。不过，让我感到颇为欣慰的是，有一位负责人还是决定鼓起勇气尝试表达他的心情、袒露他的脆弱。于是，他没有像惯常那样理性又冷静地陈述观点，而是选择了表达他的心情，说明他为何希望医生们能改变立场。会议最后，医生们非但没有将他"批得体无完肤"，还改变了之前的立场，并且投票通过了该计划。这戏剧性的转变让管理层意识到，即使在工作中展现脆弱也是有积极影响的。

最后，我想分享我亲历的一场冲突事件，它让我明白压抑感受可能会带来的后果。那时我正在为市中心贫民区一所学校的学生讲授非暴力沟通。第一天，我一走进教室，学生们停下热火朝天的交谈，突然安静下来。"早上好！"我向他们打招呼。依然是一片沉默。我开始感到不自在，却又不好意思说出来。于是，我保持着职业形象继续上课。"本节课中，我们将要学习一种沟通方法。我希望它能促进你们的家庭合睦，增进朋友间的友谊。"

我继续介绍着非暴力沟通的内容，但似乎没有人在听课。有个女生翻了一通她的包，掏出一把指甲刀，开始起劲地修起了指甲。靠窗的学生则转脸趴在玻璃窗上，好像街上有特别吸引人的事。我越发觉得不自在，但还是什么都没说。终于，有位学生（他显然比我更勇敢）突然大声说道："你讨厌黑人，不是吗？"我吃惊地愣了一下，却很快意识到，我试图隐藏我的不安导致了学生们对我的看法。

"我确实很紧张，"我告诉他们，"但并不是因为你们是黑人，而是因为我和大家是初次见面，当我走进教室时特别希望能得到你们的接纳。"当我表达了自己脆弱的一面，学生们的态度便有了明显的改变。他们开始问问题，介绍他们自己，并开始对非暴力沟通表现出好奇。

区分感受与想法

我们使用语言的习惯时常会引发这样一个混淆，在使用"觉得/感到/感觉"这类词时，我们实际上并没有在表达感受。例如，在"我觉得没有得到公平对待"这句话中，将"我觉得"换成"我认为"也许更恰当。在以下例子中，说话者在使用"觉得"时都并未准确地表达自己的感受。

1. 在"我感到/觉得"后加上一句话或类似"就像""好似"这样的词：

"我觉得你应该更懂事。"

"我觉得自己就像个失败者。"

"我觉得好像在和一堵墙生活。"

2. 在"我感到/觉得"后带上"我、你、他、她、他们、它"这些人称。

"我觉得自己一直在被使唤。"

"我觉得这样做是没有用的。"

3. 在"我感到/觉得"后加上指代他人的名称或者名词。

"我觉得艾米挺负责的。"

"我觉得我的上司很爱控制人。"

相反，实际在表达感受时，我们甚至可以完全不使用"感到/觉得"这个词。我们可以说"我觉得很恼火"，也可以简单地说"我很恼火"。

在非暴力沟通中，我们需要区分：我们是在表达自己的感受，还是在表达对自己的想法。

1. 想法：

"我觉得作为一名吉他手，我弹得不够好。"

在这个句子中，我在评价自己作为吉他手的弹奏水平，而没有表达自己的感受。

2. 感受：

"想到我的吉他弹奏水平，我感到失望。"

"想到我的吉他弹奏水平，我感到着急。"

"想到我的吉他弹奏水平，我感到沮丧。"

当我认为自己"弹得不够好"时，背后的感受可能是失望、着急、沮丧或是别的情绪。

还有些表达被误认为是感受，实际上却是我们对他人的想法，以下是一些例子：

1. "我觉得我的同事看不起我。"

"看不起"是在描述想法，即我认为别人如何看待我，背后的感受也许是难过、挫败。

2. "我感到被误解。"

"被误解"是在描述想法，即我认为他人不了解我，背后的感受也许是焦虑、不快等。

3. "我感到受到了冷落。"

这句话同样是在对他人行为做出诠释。当我们正想一个人呆着时，"受到冷落"也许会让我们感到如释重负；但有时，如果我们很希望融入他人，则会感到伤心。

表达想法而非感受的类似词语还有：

被抛弃	不受信任	被羞辱
受到虐待	被打断	被拒绝
受到攻击	受到恐吓	不受重视
受到背叛	被玩弄	受到要挟
被陷害	被操纵	不受赏识
受到霸凌	受到误解	不被理睬
受到欺骗	受到忽视	不被看见
受到胁迫	被挤压	不被支持
被差遣	被看不起	不被需要
被逼迫	被施压	被利用
被贬低	受到挑衅	

建立感受词汇表

使用具体而非模糊或笼统的情绪词汇，有助于我们表达感受。类似"好"与"坏"这样的词语很难让人明白我们的实际状态。例如，如果说"我感觉挺好"，"好"这个词相对宽泛，所表达的感受可能是高兴、兴奋，也可能是如释重负或别的。

以下列表有助于我们提升表达感受的能力，清晰描述各种情绪状态。

（1）当需要得到满足时，我们的感受可能是：

全神贯注 absorbed	聚精会神 engrossed	感动 moved
新奇 adventurous	活跃 enlivened	乐观 optimistic
深情 affectionate	热情 enthusiastic	大喜 over-joyed
机敏 alert	激动 excited	受宠若惊 overwhelmed
有活力 alive	兴奋 exhilarated	宁静 peaceful
惊奇 amazed	开朗 expansive	活泼 perky
开怀 amused	期盼 expectant	愉快 pleasant
生机勃勃 animated	兴高采烈 exultant	开心 pleased
感激 appreciative	着迷 fascinated	自豪 proud
热心 ardent	自在 free	安静 quiet
振作 aroused	友善 friendly	容光焕发 radiant
惊讶 astonished	满足 fulfilled	痴迷 rapturous
极为幸福 blissful	高兴 glad	神清气爽 refreshed
屏气敛息 breathless	欢呼雀跃 gleeful	放松 relaxed
快活 buoyant	明媚 glorious	如释重负 relieved
平静 calm	热情洋溢 glowing	满意 satisfied
无忧无虑 carefree	快乐 good-humored	安全 secure
开心 cheerful	感谢 grateful	敏感 sensitive
舒适 comfortable	心满意足 gratified	安详 serene
得意 complacent	幸福 happy	入迷 spellbound
镇静 composed	热心 helpful	心花怒放 splendid
关切 concerned	满怀希望 hopeful	激励 stimulated
自信 confident	感兴趣 inquisitive	惊喜 surprised

惬意 contented	受启发 inspired	柔软 tender
冷静 cool	热切 intense	欣慰 thankful
好奇 curious	趣味 interested	乐不可支 thrilled
倾倒 dazzled	迷住 intrigued	触动 touched
愉悦 delighted	精神焕发 invigorated	恬静 tranquil
热忱 eager	热衷 involved	满怀信任 trusting
奔放 ebullient	欢乐 joyous, joyful	乐观开朗 upbeat
欣喜若狂 ecstatic	欢腾 jubilant	温暖 warm
兴高采烈 effervescent	亢奋 keyed-up	清醒 wide-awake
欢欣鼓舞 elated	有爱心 loving	美妙 wonderful
陶醉 enchanted	甜美 mellow	热情高涨 zestful
受鼓舞 encouraged	轻快 merry	
精力充沛 energetic	欢喜 mirthful	

（2）当需要没有得到满足时，我们的感受可能是：

畏惧 afraid	烦躁 edgy	紧绷 overwhelmed
气恼 aggravated	惭愧 embarrassed	惊慌失措 panicky
焦躁 agitated	愤恨 embittered	被动 passive
惊慌 alarmed	恼火 exasperated	迷茫 perplexed
冷漠 aloof	耗尽 exhausted	悲观 pessimistic
愤怒 angry	精疲力竭 fatigued	苦思冥想 puzzled
痛苦 anguished	担忧 fearful	充满敌意 rancorous
烦扰 annoyed	坐立不安 fidgety	迟疑 reluctant
焦虑 anxious	愁苦 forlorn	排斥 repelled

冷淡 apathetic	惊吓 frightened	仇恨 resentful
担心 apprehensive	懊恼 frustrated	躁动 restless
刺激 aroused	大怒 furious	难过 sad
羞愧 ashamed	低落 gloomy	害怕 scared
丧气 beat	内疚 guilty	敏感 sensitive
迷惑 bewildered	逼迫 harried	颤抖 shaky
苦涩 bitter	沉重 heavy	震惊 shocked
乏味 blah	无助 helpless	批判 skeptical
忧郁 blue	犹豫 hesitant	困乏 sleepy
无聊 bored	恐惧 horrified	哀痛 sorrowful
心碎 brokenhearted	敌对 hostile	歉意 sorry
屈辱 chagrined	灼热 hot	没有斗志 spiritless
寒冷 cold	单调 humdrum	失魂落魄 startled
忧虑 concerned	受伤 hurt	惊讶 surprised
困惑 confused	不耐烦 impatient	怀疑 suspicious
冷酷 cool	不在乎 indifferent	不冷不热 tepid
生气 cross	激烈 intense	惊恐 terrified
低落 dejected	怒气 irate	劳累 tired
抑郁 depressed	恼怒 irked	烦恼 troubled
绝望 despairing	激怒 irritated	不适 uncomfortable
沮丧 despondent	嫉妒 jealous	不感兴趣 unconcerned
抽离 detached	紧张不安 jittery	心神不宁 uneasy
不满 disaffected	激动不安 keyed-up	心烦意乱 unglued
失望 disappointed	懒散 lazy	不开心 unhappy

挫败 discouraged	疑虑 leery	气馁 unnerved
幻灭 disenchanted	倦怠 lethargic	不稳定 unsteady
不高兴 disgruntled	无精打采 listless	烦乱 upset
厌恶 disgusted	孤独 lonely	拘谨 uptight
灰心 disheartened	气愤 mad	棘手 vexed
惊愕 dismay	汗颜 mean	厌倦 weary
不快 displeased	郁闷 miserable	伤感 wistful
不安 disquieted	昏沉 mopey	退缩 withdrawn
苦恼 distressed	阴郁 morose	悲伤 woeful
麻烦 disturbed	哀悼 mournful	着急 worried
垂头丧气 downcast	紧张 nervous	糟糕 wretched
消沉 downhearted	心乱如麻 nettled	
沉闷 dull	麻木 numb	

小结

非暴力沟通的第二个要素是感受。通过建立表达感受的词汇表，我们可以更清晰明确地体会和表达感受，从而更好地与他人建立连结。允许自己表达感受、袒露脆弱，也会有助于化解冲突。此外，在非暴力沟通中，用来表达实际感受的语言和那些用来陈述想法、评论或诠释观点的语言是不同的。

练习二：表达感受

下列的句子中，有哪些是在表达自己的感受呢？请标出这类句子，看看我们的意见是否一致。

1. "我觉得你不爱我。"
2. "你要离开了，我很伤心。"
3. "听你那么说，我感到害怕。"
4. "你没和我打招呼，我感到自己受到了冷落。"
5. "你能来，我真高兴。"
6. "你真令人厌恶。"
7. "我想要揍你。"
8. "我感到自己受到了误解。"
9. "你为我做那些事，我感觉很好。"
10. "我很没用。"

以下是我对练习二的回应：
1. 如果你认为这句话表达的是感受，我们的意见不一致。我认为"你不爱我"是对他人如何感受的判断，而不是感受。在"我感到"之后如果跟随的是我、你、他、她、他们、它、像、好似……通常都不是在表达感受。在这个例子中，我们可以这样来表达感受："我很伤心"或"我感到很痛苦"。
2. 如果你认为这句话表达的是感受，我们的意见一致。

3. 如果你认为这句话表达的是感受，我们的意见一致。

4. 如果你认为这句话表达的是感受，我们的意见不一致。我认为"受到冷落"是对他人行为的判断，而非感受。我们可以这样来表达感受："我进来的时候，你没有和我打招呼，我感到孤单。"

5. 如果你认为这句话表达的是感受，我们的意见一致。

6. 如果你认为这句话表达的是感受，我们的意见不一致。我认为"令人厌恶"是对他人的想法，而非感受。我们可以这样来表达感受："我感到厌恶。"

7. 如果你认为这句话表达的是感受，我们的意见不一致。我认为"想要揍你"是说话人想要采取的行动，而非自己的感受。我们可以这样来表达感受："看到你刚才的行为，我很生气。"

8. 如果你认为这句话表达的是感受，我们的意见不一致。我认为"被误解"是对他人行为的判断，而非感受。我们可以这样来表达感受："我感到挫败"或"我很灰心"。

9. 如果你认为这句话表达的是感受，我们的意见不一致。"很好"这个词对于传递感受来说较为糊糊。我们可以借助其他的词语更清晰地表达感受，诸如欣慰、满足、鼓舞。

10. 如果你认为这句话表达的是感受，我们的意见不一致。我认为"没用"是对自己的评论，而非感受。我们可以这样来表达感受："想到我的能力，我感到怀疑"或"我觉得苦恼"。

第五章

为自己的感受负责

人们之所以苦恼，并非因为事情本身，而是因为人们对事情的看法。
——爱比克泰德（Epictetus），古罗马哲学家

听到不中听的话有四种选择

非暴力沟通要我们意识到的是，他人的言行举止或许会激发我们的感受，但绝非产生这些感受的原因。感受源自我们如何看待他人的言行以及我们当时的需要和期待。

当他人通过语言或者非语言的方式向我们发出负面信息时，我们可以选择四种不同的方式来接收：

第一种选择是指责自己，将错误归咎到自己身上。例如，有人气愤地说："我从没见过像你这么自私的人！"如果选择认同对方的评判并且自我指责，我们也许就会表示："哦，我应该更体贴一点。"如此这般带给我们的感受是内疚、羞愧和压抑，我们的自尊心也会受到伤害。

第二种选择是指责对方，将错误归咎到对方身上。这时，我们也许会反驳对方说："你没有资格这么说！我总是考虑你的需要，你才自私

> 通过关注我们的需要、愿望、期待、价值观或想法，我们不再指责他人，而是为自身的感受负责。

呢！"此时我们通常会感到愤怒。

第三种选择是关注我们自己的感受和需要。我们会感到伤心，并发现伤心的感受来自内在的需要——渴望自己的付出得到肯定。这时，我们也许会回应："听到你说'我从没见过像你这么自私的人'，我感到伤心，因为我渴望得到认可。我也在努力体贴你，希望这一点能得到你的认可。"

第四种选择是关注对方想要表达的感受和需要。这时，我们可能会问对方："你感到伤心，希望你的喜好能得到照顾，是吗？"

通过关注我们的需要、愿望、期待、价值观或想法，我们不再指责他人，而是为自身的感受负责。

在以下表达失望的例子中，请注意其中的差异：

例1：
甲："昨晚你没来，让我很失望。"
乙："昨晚你没来，我很失望，因为我想要和你聊一些烦心事。"

在上面的例句中，甲把自己的失望完全归咎于对方的行为。而乙将他的失望归因于自己未被满足的需要。

例2：
甲："他们撤销合同的做法让我很生气。"
乙："他们撤销了合同，我感到非常生气，因为我认为，这是极不负责的做法。"

在这个例子中，甲将自己的气恼归咎于他人的行为。而乙承认她的愤怒是由自己带有指责的想法所造成的，因此她为自己的感受承担了责任。非暴力沟通还会鼓励她进一步了解她想要什么：她有什么需要、渴望、期待、希望未能得到满足。我们越能将自己的感受和需要相连，他人就越容易对我们做出善意的回应。例如，乙可以这样表达："他们撤销了合同，我感到非常生气，因为我原本期盼着有机会能将去年辞退的工人招回来。"

有些常见的语言模式容易掩盖我们对感受的责任，辨认出它们将有助于我们清晰表达。

1. 使用非人称代词，比如：这、它、那：
"我们公开发行的手册有拼写错误，这让我非常生气。"
"那太让我厌烦了。"
2. "我感到（某种情绪），因为（别人）……"：
"我感到伤心，因为你说你不爱我。"
"我感到愤怒，因为上司不守信用。"
3. 只提及他人的行为：
"你在我的生日那天没给我打电话，我感到伤心。"
"你没有把食物吃完，妈妈感到失望。"

为了让我们对自身所负的责任有更多的意识，我们可以替换成"我感到……因为我……"这样的句式来表达。例如：

1. "看到我们公开发行的手册有拼写错误，我感到非常生气，因为我希望公司呈现出专业的形象。"
2. "当上司违背了她的承诺，我感到愤怒，因为我原本希望用那个

> 利用内疚感来推动他人的基本机制，是通过把自己的感受归咎于人来实现的。

长假探望哥哥。"

3."你没有把食物吃完，妈妈感到失望，因为我希望你身体强壮，健康成长。"

利用内疚感来推动他人的基本机制，是通过把自己的感受归咎于他人来实现的。家长也许会对孩子说："你成绩不好，让爸爸妈妈伤透了心！"言下之意，父母的幸福取决于孩子的行为。表面上看，让孩子为父母的感受负责似乎表现了孩子对父母的关心。孩子因为在意父母，而对父母的痛苦感到内疚。但是换一个角度想一下，孩子为了父母的感受而改变行为来迎合父母，那么改变也只是为了避免愧疚，而非出自真心。

需要：感受的根源

当我们评判、批评、分析或判断他人的言行时，实际上是在用疏离生命的方式表达自己的需要。如果有人说："你从不懂我。"他真正的心声是渴望得到理解。如果太太说："这星期你每天都工作到很晚，相比我，你更爱工作！"那她在诉说的是，亲密的需要未能得到满足。

当我们通过评判、判断和想象等方式间接地表达自己的需要时，他人很容易认为我们在批评他们，并随之启动自我辩护和反抗。我们越能直接说出感受以及相关联的需要，他人也越有可能对我们做出善意的回应。

不幸的是，大多数人从未学习过如何从"需要"的角度来思考。当需要未能得到满足时，我们习惯于认为是他人的错。例如，如果我们希望孩子把衣服收纳在衣橱里，而他们却丢在了沙发上，我们可能就会说他们懒惰；如果我们不喜欢同事工作的方式，也许会指责他们不负责任。

有一次，我受邀到南加州调解一起农场主与外来工人间的冲突，双方的矛盾正愈演愈烈。会谈一开始，我向他们提出两个问题："你们各自的需要是什么？为了满足这些需要，你们想请求对方做什么？"

这时，一位外来工人喊道："他们就是一群种族歧视分子！"随即，一位农场主更大声地喊起来："他们这些人根本无视法律法规！"就像在大部分冲突事件中那样，人们更善于分析对方的错，而非清晰地表达自己的需要。

还有一次，我参与了一群以色列人和巴勒斯坦人的会面，他们希望能够建立互信，从而为家园带来和平。我在会议开始时问了同样的问题："你们各自的需要是什么？为了满足这些需要，你们想请求对方做什么？"一位巴勒斯坦村长直接说道："你们的所作所为和纳粹一样。"显然这样的话很难得到以色列人的配合。一位以色列妇女立即站起来反驳他："村长，这样的说法太不顾及我们的感受了。"

他们来这里原本是为了建立互信与和平，但会谈才刚开始，情况却变得更糟糕了。发生这样的情况，正是因为人们时常习惯于分析和指责他人，而非清晰地表达自己的需要。在这个例子中，如果这位妇女在回应村长时表达她的需要并向对方提出请求，她也许可以说："希望在对话中，我们能互相尊重。与其表达你对我们行为的看法，倒不如请你说一说，我们有哪些做法让你感到不舒服？"

根据我的经验，一旦人们开始谈论自己的需要而非相互指责，就更有可能找到满足大家需要的办法。以下是我们每个人共有的基本需要：

自主选择（Autonomy）

- 选择梦想、目标和价值
  To choose one's dreams, goals, values
- 选择实现梦想、目标和价值的方法
  To choose one's plan for fulfilling one's dreams, goals, values

内外一致（Integrity）

- 真实
  Authenticity
- 意义
  Meaning
- 创造力
  Creativity
- 自我价值
  Self-worth

庆祝 / 哀悼（Celebration）

- 庆祝人生的创造和梦想的实现
  To celebrate the creation of life and dreams fulfilled
- 哀悼失去：亲人离世、梦想破灭，等等
  To celebrate losses: loved ones, dreams, etc.(mourning)

相互依存（Interdependence）

- 接纳
  Acceptance
- 亲近
  Closeness
- 体谅
  Consideration
- 心理安全
  Emotional Safety
- 欣赏
  Appreciation
- 社群
  Community
- 服务生命
  Contribute to the enrichment of life
- 同理
  Empathy

- 诚实（有力量的诚实，可以让我们从自身的局限中得以学习）
  Honesty (the empowering honesty that enables us to learn from our limitations)
- 确认
  Reassurance
- 支持
  Support
- 理解
  Understanding

精神交融（Spiritual Communion）
- 美
  Beauty
- 启迪
  Inspiration
- 和平
  Peace

玩耍（Play）
- 乐趣
  Fun

- 爱
  Love
- 尊重
  Respect
- 信任
  Trust
- 温暖
  Warmth
- 和谐
  Harmony
- 秩序
  Order
- 欢笑
  Laughter

滋养身体（Physical Nurturance）
- 空气
  Air
- 食物
  Food

> 在我们身处的世界中,我们时常会因为看见和袒露自身需要遭到强烈抨击,因而对表达需要感到害怕。

- 运动,锻炼
  Movement, exercise

- 休息
  Rest
- 住所
  Shelter
- 水
  Water

- 保护(免受病毒、细菌、昆虫及食肉动物的威胁)
  Protection from life-threatening forms of life: Viruses, bacteria, insects, Predatory animals
- 性表达
  Sexual expression
- 触摸
  Touch

说出需要

在我们身处的世界中,我们时常会因为袒露自身需要而遭到强烈的评判,因而对表达需要感到害怕。对女性来说,尤其如此。长期以来,女性的形象就与照顾他人、自我牺牲和压抑需要相连。在社会文化的熏陶之下,女性也已经把照顾他人视为自己的最高职责,因而学会了无视自己的需要。

有一次我们在工作坊中展开讨论,女性若将这些社会教养固化成内在信念,对她们意味着什么?我们可以从许多妇女主张自己的方式中看到,她们并不相信自己有权满足自己的需要,甚至认为自己的需要无足轻重。这样的信念还会不断被强化,例如,因为害怕表达自己的需要,一个女人可能不会直接说:"我今天累坏了,想要晚上歇一会儿。"相反,她的话听起来也许就像辩护词,她会念叨:"你知道我一整天都没歇过,我熨了所有的衬衣,把这周的脏衣服都洗了,带狗去看了宠物医生,准备了午餐便当,又做了晚餐,打电话给所有的邻居通知街区会议。所以(以一种近乎哀求的口吻)……你是否可以……?"

她这样哀怨地尝试证明自己"应当"获得某种权利,这非但不能引发听者的善意,反而使他们心生抗拒,于是对方立刻回应:"不行!"对方既没有听到恳请背后的需要,还报以了负面的回应。最终,她们将再次说服自己:我的需要微不足道。实际上,如果直接说出自己的需要,她们则更有可能获得积极的回应。

我母亲曾参加过一次工作坊,期间一些女士谈到她们是如何害怕表达个人需要的,突然,她站起来走出房间,过了很久都没有回来。再次出现的时候,她看上去脸色苍白。我问她:"妈妈,你还好吗?"

"没事,"她回答说,"刚才我意识到一件事情,心里极为难受。"

"什么事情?"

"36年来,我一直生你父亲的气,我认为他不在乎我的需要。此刻我才意识到,我从没有清楚地告诉他我想要什么。"

是的。在我的记忆中,她从未直接向父亲说出过她的需要,而是以各种方式暗示或拐弯抹角地表达自己。

我们试着了解为什么这对她来说如此困难。母亲回忆起,她生长在一个贫穷的家庭,小时候想要什么东西时,哥哥和姐姐们就会责备她:"你知道家里很穷,怎么还这么贪心!你以为家里就你一个人吗?"于是,长大后的她因为害怕遭到反对与评判,便不敢再说出她的需要。

还有一次,她的妹妹在阑尾手术后得到了一个漂亮的小钱包。那年14岁的母亲也梦寐以求有那样一只绣着珠子的美丽钱包,却不敢开口。猜猜她接下来做了什么?她假装肚子痛。家人带她看了几个医生,都无法给出诊断,于是决定做开腹手术。这是一场多么大胆的赌博啊!最后她如愿以偿得到了一只一模一样的小钱包。尽管还带着手术的剧烈疼痛,母亲却欣喜若狂。此时两位护士走进病房,一位将体温计放进她的嘴里。我的母亲发出唔唔的声音想把钱包展示给另一位护士看。护士对她说:"这是给我的吗?为什么?那谢谢了!"随即收下了钱包。我的母亲顿时陷入了茫然,又不知道如何说出心里话:我并没有要给你的意思,请把它还给我。这是个如此不幸的故事,一个人如果无法说出自己的需要,会造成何等痛苦的后果。

从情绪的奴隶到主人的自由之路

在通往情绪自由的成长过程中,我们通常会经历三个阶段。

第一阶段:"情绪的奴隶"

在这个阶段,我们认为要为他人的感受负责,必须不断努力让所有人开心。如果别人不开心了,我们会感到不安,认为自己有责任要为此做些什么。因而,我们很可能会把亲近的人看作负担。

这对亲密关系非常有害。我常听人们说类似的话:"我真的很害怕谈恋爱。每次看到伴侣处于痛苦之中,我就会受不了,感觉自己就像在坐牢,仿佛快要窒息了,只想尽快摆脱关系。"他们所认为的爱情,是放弃自己的需要来满足爱人的需要。刚谈恋爱时，伴侣通常能在自由的状态中欢喜友善地相处，这时的关系令人兴奋，融洽又美妙。然而，当关系变得"认真"起来，伴侣就开始为对方的喜怒哀乐承担起了责任。

如果我是亲密关系中的一方，当意识到这样的情况发生，我也许会承认："我无法忍受在关系中失去自己。当看到伴侣遭受痛苦，我就会丢掉自己，接着就想摆脱关系。"如果我意识不到自己正在承担对方的感受，便很有可能责怪对方破坏了关系，我可能会说："我的伴侣太黏人，这让我们的关系太紧张了。"

在这样的情形中，另一半大多要么抗拒指责，要么默默地收下了指责。后者更糟糕。其实，伴侣可以选择同理倾听我——一个正在经历痛苦的情绪奴隶："你想呵护我们的关系，又不想把它变为责任和义务，这巨大的挑战让你感到恐慌……你认为你必须要照顾好我，这让你感到失去了自由。"如果对方反过来指责我说："我的要求过分了吗？"那么，双方都很有可能沦为情绪的奴隶，让关系更加难以为继。

第二阶段："面目可憎"

在这个阶段，我们发现，为他人的感受负责并牺牲自己、成全对方，将会付出很大的代价。想到自己压抑了数不胜数的需要，鲜少按照内心的呼唤来行事，我们可能会感到愤怒。我把这个阶段戏称为"面目可憎"的阶段。因为此时的我们在面对他人的痛苦时，特别容易给出一些招人讨厌的回应，例如："这是你的问题！我不对你的感受负责！"我们已经清楚知道，自己并不为他人的感受负责，却还没有学会如何用一种不被情绪奴役的方式与他人互动。

虽然脱离了第一阶段，我们会意识到自己有需要，却可能还是会对怀有需要心存恐惧和羞愧。因而，会以一种听上去硬邦邦、不通人情的方式来表达自己的需要。有一次，一位年轻女士在工作坊休息期间向我表达感谢，说她很高兴认识到自己也曾是"情绪的奴隶"。工作坊重新开始后，我建议大家做一个练习，这位女士却斩钉截铁地说道："我宁可做点别的。"我意识到她正在行使新发现的权利——表达自己的需要，即使她采取的方式与他人的需要相冲突。

为了鼓励她理清自己想要什么，我问她："你想做点别的，即使那会与我的需要相冲突，是吗？"她想了片刻，接着有些结巴地说："是的……嗯……我的意思是……不是……"她的困惑正说明了，处于"面目可憎"阶段时，我们还未能意识到情绪自由不只是表达自己的需要。

这里，我想讲讲我的女儿玛拉在成长中的一段经历。一直以来，她是那个对他人的要求百依百顺的"完美小女孩"。意识到她时常为了讨好他人而压抑自己时，我想鼓励她更多地表达自己的需要。当我一开始谈到这个话题时，玛拉哭了，她无辜地申诉着："但是，爸爸，我不想让任何人失望。"我尝试让她明白，相比委曲求全，真诚待人是一份更加珍贵的礼物。同时我也向她展示了当他人生气时，她可以如何同理对方，而无须为他们的感受负责。

不久以后，我就发现玛拉开始有了变化。有一回，学校校长打电话给我，告诉我玛拉因为在学校的穿着与他发生了口角。校长对玛拉说："年轻女孩子不能这样穿衣服！"而玛拉却回答他："不关你什么事！"我可真想为之庆祝！玛拉正从"情绪的奴隶"成长为"面目可憎"！她开始敢于冒着得罪别人的危险表达自己的需要。当然她还要继续学习如何在表达自己需要的同时，尊重他人的需要。但我相信，这只是时间问题。

第三阶段："情绪的主人"

在这个阶段，我们不再出于恐惧、羞愧或内疚来回应他人的需要，而是因为发自内心的慈悲与爱而相互给予。我们既不再为他人的感受承担责任，又能全然地为自己的意愿、感受和行为负责。同时，我们也明白，若牺牲他人，我们也永远无法真正满足自己的需要。非暴力沟通帮助我们既清晰表达自己，又同样关心他人，从而实现我们的情绪自由并与他人建立连结。

小结

非暴力沟通的第三个要素，是看见感受背后的需要。他人的言行也许会刺激我们的感受，但并不是感受的根源。听到不中听的话时，我们可以有四种选择来接收：（1）指责自己；（2）指责他人；（3）体会自己的感受与需要；（4）体会他人在消极的话语下隐藏着什么感受与需要。

评判、批评、分析和论断他人，都使我们疏远了自己的需要和价值观。当人们听到批评，往往会以自我辩护或反击来回应。我们越能够直接说出自己的感受与需要，他人就越有可能对我们做出善意的回应。

在我们身处的世界中，我们时常会因为看见和袒露自身需要遭到强烈抨击，因而对表达需要感到害怕。对女性来说，尤其如此。长期以来，社会文化将她们塑造成了只懂照顾他人而无视自己需要的样子。

在通往情绪自由的成长路上，许多人都会经历三个阶段：（1）"情绪的奴隶"——我们认为自己要为他人的感受负责；（2）"面目可憎"——我们拒绝考虑他人的感受或需要；（3）"情绪的主人"——我们全然地为自己的感受负责，同时我们也意识到，牺牲他人的福祉也无法满足自己的需要。

非暴力沟通实例

一位非暴力沟通学员在一家食物银行作志愿者。有一天，一位年长同事在看报时突然气冲冲地说："我们需要让私生子女像以前那样见不得人！"听到这话时，她吃惊不已。

在过去，当听到不同意见时，她都默不作声，只是在心里责备对方，然后再到别处处理自己的感受。这一次，她想起可以有不一样的选择——去试着聆听这番令她震惊的话背后对方的感受和需要。

学员：（首先向同事确认观察）你正在阅读报上有关"少女妈妈"的报道吗？
同事：是的，有这么多少女未婚怀孕，真不可思议！
学员：（接着试着聆听同事的感受和需要）你感到担心，因为你希望孩子能生活在环境稳定的家庭中是吗？
同事：那当然！你知道吗，当年我要是敢这么做，不被我爸爸宰了才怪!

学员：所以你想到在你的那个年代，少女未婚先孕会遭遇什么？

同事：难道不是吗！我们都知道未婚怀孕会有什么下场。我们可不像如今的女孩子，那时我们整日都对意外怀孕担惊受怕。

学员：你很生气，因为这些女孩子根本不害怕怀孕会带来什么惩罚？

同事：怎么说呢，至少当年的女孩子因为害怕受到惩罚就不敢乱来吧！报纸上说有的女孩为了怀孕和不同的男人睡觉。她们倒好，生了孩子让我们来买单！

这位非暴力沟通学员从同事的话中听到了两种不同的感受：一方面，对一些女孩故意怀孕感到震惊；另一方面，对纳税人要为这些孩子买单感到气愤。她选择先同理其中一个感受。

学员：想到现在的女孩面对怀孕，不像你们从前那样顾及名誉、后果和经济条件，你有些吃惊，是吗？

同事：是的，你猜最后是谁为这些孩子买单？

同事的震惊之情多半已经被听到，便转而谈论她的愤怒。通常，当人们有许多感受时，会反复回到那些还未被听到的内容上。因此，聆听者无须一次把所有不同的感受都反映给对方，而是可以在每一个感受浮现时给予同理倾听，情感也会随之持续地流淌。

学员：听上去你感到气愤，因为你希望纳税人的钱能有更好的用途，对吗？

同事：那当然！我儿子和儿媳想要第二个孩子。可是，生养孩子太花钱了，虽然他们都有工作，但还是生不起！
学员：想到这事你感到难过，你很想再要一个孙子或孙女，是吗？
同事：是的，但不只是我想要……
学员：……你还希望儿子可以过上他想要的生活……（即使这位学员只是猜对了部分，她依然继续同理倾听同事。同事因此得以充分表达自己。）
同事：是啊，做独生子女也是挺凄惨的。
学员：我明白了，你希望凯蒂能有一个小弟弟？
同事：是啊，那该有多好呀！

就在那刻，这位同事似乎有些释然，她开始安静下来。学员惊讶地发现，尽管自己依然想要发表不同观点，内心的紧迫与紧张却已经消散了不少，因为她不再有"敌对"的感觉了。她理解了同事的想法背后有什么样的感受与需要，这时仿佛她们不再是两个世界的人了。接着，学员运用非暴力沟通的四个要素开启她的表达。

学员：你知道吗，当听到你说"让私生子女像以前那样见不得人"（观察），我感到非常害怕（感受），因为我希望我们都能从心底关心那些需要帮助的人（需要）。来我们这里领取食物的人，有些是未成年父母（观察），我想确保他们在这里是受欢迎的（需要）。你是否愿意告诉我，当你见到塔夏、艾米以及她们的男朋友来这里时，你是什么心情？（请求）

她们持续交换了一些看法，直到女学员确信，她的同事从心底关爱与尊重那些未成年父母，并愿意帮助他们。更重要的是，她学习到了可以用诚实与相互尊重的态度来表达和对方不同的看法。

与此同时，同事也感到欣慰，因为她的担忧也得到了充分的聆听。通过不带敌意地交换不同意见，她们增进了相互理解，关系也变得更亲近了。如果没有使用非暴力沟通，她们的关系也许就会恶化。

练习三：体会需要

在以下例句中，说话的人是否对自己的感受负责。

1."你把公司文件丢在办公室地上，这让我很生气。"
2."听你这么说，我觉得很生气，因为我需要受到尊重，而我认为你那些话是在羞辱我。"
3."你来晚了，让我很郁闷。"
4."你没法来吃晚餐，我感到难过，我本来想和你共度这个夜晚。"
5."我感到失望，因为你没有做你答应我的事情。"
6."我感到挫败，因为我原本希望这件事情能够进展得更快些。"
7."人们在背后议论我，这让我感到伤心。"
8."我很高兴你获得了那个奖项。"
9."你嗓门那么大，我很害怕。"
10."感谢你让我搭顺风车回家，因为我想比孩子们先到家。"

以下是我对练习三的回应：

1. 如果你选择这一句，我们的看法不一致。在我看来，说这句话的人是在暗示，是对方的行为导致他／她的感受，而非他／她本身的需要或想法所致。若要为自己的感受负责，他／她可以说："当你把公司文件丢在办公室地上，我感到生气，因为我希望重要的文件能够得到妥善保管。"

2. 如果你选择这一句，我们的看法一致。

3. 如果你选择这一句，我们的看法不一致。说话者如果想要表达感受背后的需要或想法，可以说："你来晚了，我很郁闷，因为我本来希望我们可以坐在前排的位置。"

4. 如果你选择这一句，我们的看法一致。

5. 如果你选择这一句，我们的看法不一致。说话者如果想要表达感受背后的需要或想法，可以说："你没做你答应我的事情，我感到失望，因为我希望能信任你。"

6. 如果你选择这一句，我们的看法一致。

7. 如果你选择这一句，我们的看法不一致。说话者如果想要表达感受背后的需要或想法，可以说："人们在背后议论我，我感到伤心，因为我希望得到欣赏。"

8. 如果你选择这一句，我们的看法不一致。说话者如果想要表达感受背后的需要或想法，可以说："你获得了那个奖项我很高兴，因为我一直希望你的努力能得到认可。"

9. 如果你选择这一句，我们的看法不一致。说话者如果想要表达感受背后的需要或想法，可以说："你大声说话时我很害怕，我需要安全的环境。"

10. 如果你选择这一句，我们的看法一致。

第六章

提出请求，丰盈生命

我们已经介绍了非暴力沟通的三个要素：观察、感受和需要，学习了使用不带批评、分析、指责或诊断的沟通方式更有可能激发他人的善意与慈悲。非暴力沟通的第四个要素是——请求。提出请求是为了让我们的生命变得更加丰盈。在表达了观察、感受和需要之后，我们提出一个明确的请求来满足需要。那么，以什么样的方式提出请求，才能让别人更愿意对我们做出善意的回应呢？

使用正向、具体的语言

首先，清楚地告诉对方，我们请求他们去做什么，而非不要做什么。

我的同事鲁斯·贝本梅尔曾经写过一首儿歌。其中有两句歌词是："让我不要这么做，那我要怎么办？我只知道，让我不要这么做，我就偏不想答应你。"从中我们可以看到，用负向的语言提出请求通常会引发两个问题：1. 人们往往搞不清楚我们到底请求他们做什么；2. 负向的请求很容易使人产生抗拒的心理。

一位女士在一次工作坊中谈到,她对先生在工作上投入许多时间十分苦恼,而她向先生提出的请求非但没有效果,甚至适得其反。"我请他不要花那么多时间在工作上。没想到3周后,他居然告诉我,他报名参加了一个高尔夫球比赛!"这位女士说出了她不想要什么——她不希望先生花太多时间在工作上,但却没有说清楚她想要什么。于是,当我鼓励她换一种方式提出请求时,她想了想说:"我希望他每周至少有一个晚上在家陪我和孩子。要是一开始我这样和他说就好了。"

越战期间,我受邀参加一场电视辩论赛,就战争的议题和一位与我立场不同的男士展开辩论。当天晚上,当我在电视上看见自己的表现并不是我想要的那样时,我感到十分懊恼。于是我告诉自己:"下一次辩论时,绝不能这么被动。我可不想让他把我当成傻瓜。"请注意,我只是告诉了自己不去做什么,而非我要的是什么。

一周后,我有了一次弥补的机会,这个节目邀请我继续上一次的辩论。在去演播室的路上,我反复告诫自己不要重蹈覆辙。节目一开始,对方就像上星期那样猛烈地攻击我。在他讲完的十秒内,我努力控制着不做自我辩护。实际上,我只是一言不发地坐在那里。而就在开口的瞬间,所有那些我不想讲的话都倾泻而出!我只知道自己不想要什么,却没有理清自己到底想要什么,这真是一次惨痛的教训。

还有一次我应邀前往一所学校和一群高中生交流。他们对校长满怀怨言,认为校长是一名种族歧视者,并且想办法要报复他。一位负责辅导他们的牧师十分担忧可能会发生暴力冲突,邀请我去协调矛盾。出于对这位牧师的尊重,学生们答应了与我见面。

会谈一开始,他们便向我描述校长有哪些歧视性行为。听完他们列举的控诉后,我建议他们明确一下希望校长具体怎么做。

> 除了使用正向语言，我们提出的请求越具体越好。

"那又有什么用？"一位学生不屑地说，"我们已经告诉过他我们的想法了，结果他对我们说'走开！我不需要你们这些人告诉我怎么做'。"

我问他们向校长提出了什么请求。他们说曾经告诉校长不要干涉他们的打扮。我向他们提议，如果他们能说出希望校长做的事，而非不希望他做的事，他们或许能得到比较积极的回应。

此外，他们还告诉校长，希望得到公正的对待。对此，校长则立马大声否认说，他没有不公正地对待他们。我告诉学生们，如果你们请求他采取一些特定的行动，而不是抽象模糊的"公正对待"，校长可能会做出比较正面的回应。

接着，我和他们一起讨论如何用正向的语言提出具体的请求来满足需要。会议最后，学生罗列了希望校长做到的38件事，包括"让黑人学生代表参与有关服饰穿着的决策小组""请称呼我们为'黑人学生'，而不是'你们这些人'"。第二天，学生们向校长提交了书面请求。当晚，他们在电话里兴奋地告诉我，校长同意了所有38项请求！

除了使用正向语言，我们提出的请求越具体越好。如果我们的表达含糊不清或过分抽象、模棱两可，他人很难知道如何去行动。有一则漫画描绘了一个男人跌到了水里，他一边挣扎着往岸边游，一边冲着岸上的狗喊道："拉西，快去找人帮助！"在第二幅画中，他的狗躺在了心理医生的沙发上。这是因为"帮助"这个词对不同的人有着不同的含义。

一对关系紧张的夫妻参加了一个工作坊，他们再一次让我们看到，模糊的语言如何引发误会和沟通上的障碍。

"我希望你让我做自己！"妻子大声向先生宣告。

> 人们习惯于使用含糊、抽象的语言将自己的愿望暗示给他人,却不提及希望对方采取哪些具体的行动。

"我没有吗?"先生反驳道。

"不,你没有!"妻子坚持着。

当我请她以正向的具体语言来表达时,她说:"我希望你给我自由,让我成长并且做自己。"然而,如此模糊的语句只会引发对方的防卫。她继续艰难地尝试提出一个清晰明确的请求,最后却不得不承认:"这听上去有些令人不好意思……我希望不论我做什么,你都能微笑着点头称是。"人们往往使用模糊、抽象的语言来掩盖操控对方的意图。

还有一次,一位父亲带着他 15 岁的儿子来找我咨询。父亲向孩子提出的请求同样含糊不清,他说:"我只是希望你能对自己多一些责任感。这个要求难道过分吗?"我建议他具体说明,儿子需要怎样做才算是有责任感。经过一番讨论,父亲有些不好意思地回答道:"嗯,这听上去有些不对,当我说希望他能有点责任感时,我真正的意思是,希望他能听我的话,我让他跳他就要跳,并且做的时候还要面带微笑。"我表示,如果儿子真的表现出了这样的"责任感",那不过是顺从罢了。他同意了我的看法。

就像这位父亲,人们习惯于使用含糊、抽象的语言将自己的愿望暗示给他人,却不提及希望对方采取哪些具体的行动。例如,这位雇主希望员工们能给他一些反馈,于是他说:"我希望你们和我在一起时,可以畅所欲言。"雇主向员工们传递了自己的愿望,希望他们能"畅所欲言",却并未说明他们要如何做到。为了让请求更具有建设性,这位雇主可以使用正向的具体语言来提出请求:"请你们告诉我,我怎么做才能让你们在和我谈话时更敢于表达意见。"

最后,我想再举例说明含糊的语言如何妨碍了对自我的清晰认识。

我在担任临床心理医生期间,接待过许多受到抑郁困扰的来访者。

在我深度同理了他们后，我们的交流通常会这样继续：

马歇尔：有什么是你想要却没有得到的？
来访者：我不知道我想要什么。
马歇尔：我猜到你会这样说。
来访者：为什么？
马歇尔：我认为，我们之所以会抑郁是因为未能实现自己的愿望；之所以如此，是因为从来没有人教导过我们去实现愿望。相反，我们被教育成乖孩子、好妈妈、好爸爸。如果我们要成为那样的好人，就得习惯压抑自己。抑郁，是我们做一个"好人"的"代价"。如果你想要让自己好起来，我希望你能清楚地说出，为了让你的生活变得美好，你希望他人做些什么。
来访者：我只是希望有人能爱我。这并非完全不现实，不是吗？
马歇尔：这是个好的开始。现在我想请你清晰地说出，他人怎么做才能满足你爱的需要？例如，我此刻可以做些什么？
来访者：哦，你知道的……
马歇尔：我不确定我知道。我想请你告诉我，为了让你得到你想要的爱，你希望我或者他人怎样做？
来访者：这很难说清楚。
马歇尔：是的，提出清晰的请求是困难的。但是请想一想，如果我们讲不清楚自己想要什么，别人要回应我们的请求该会有多困难！
来访者：我开始明白，我希望别人做什么来爱我了。不过，我不太好意思说出来。
马歇尔：是的，这经常是令人尴尬的。那么，你希望我或者他人怎么做？

来访者：我认真思考了，当我说希望得到爱时，我实际想要的是，即使我还不知道我的需要，你也能猜到我想要什么，并且我希望你一直都这样。

马歇尔：我很感激你做了澄清，我也希望你已经明白了，找到这样一个人用这样的方式来爱你是不可能的。

经过这样的对话，许多来访者才发现，他们之所以感到沮丧和压抑，很大程度上是因为他们不清楚自己希望他人如何来满足自己的需要。

有意识地提出请求

有的时候，表达清晰的请求也许无需过多言语。例如，你正在厨房里，在客厅看电视的妹妹喊道："我口渴。"在这种情况下，多半她在请求你给她从厨房倒一杯水。

但有时，我们在表达自己的不快时，却误以为对方能明白我们想要什么。例如，一位妻子对丈夫说："我不是让你在路上带一些黄油和洋葱回来吗？！你怎么忘记了？！真气人！"也许，妻子的意思是希望丈夫再去一趟商店买东西，但丈夫却很有可能将太太的话视作对他的指责。如果我们只是表达自己的感受，别人可能并不清楚我们想要他们做什么。

更为常见的是，我们对提出什么样的请求缺乏意识。我们和他人说话或者谈论事情,却并不知道如何开展一场对话。我们只是把自己想说的话丢给他人,将他人当作垃圾桶。如果他人无法分辨出讲话的人想要什么,则会苦不堪言。

有一次,在达拉斯国际机场航站楼间的小火车上,我坐在一对夫妻对面。由于小火车开得很慢,赶飞机的旅客们可能会感到心烦。只见对面的那位先生气冲冲地转向妻子说:"我这辈子都没见过开这么慢的火车!"妻子看起来有点不知所措,什么话也没有说。就像许多人在没有得到期待的回应时所做的那样,先生重复了一遍刚才的话,并且带着更为强烈的语气高喊:"我这辈子都没有见过开这么慢的火车!"

妻子看起来更加茫然不知所措。无可奈何之下,她转向先生,对他说:"这辆火车的速度是电脑控制的。"我不认为这样的回答会让那位先生满意。果不其然,他更大声地重复了第三遍:"我这辈子都没见过开这么慢的火车!"妻子的耐心显然已经殆尽,她恼怒地厉声回应:"那你想让我怎么做?下去推车吗?"这时,他们双双陷入了痛苦中!

这个男人希望得到怎样的回应呢?我猜他希望自己的痛苦得到理解。如果他的妻子能明白这一点,可以这样回应:"你似乎很担心误机,并且对火车的速度感到不满,希望它能开快一些吧?"而在之前的对话中,妻子感受到丈夫的不安,却不明白他想要什么。

同样地,如果一个人只提出请求,却没有首先表达感受与需要,也有可能导致交流的困难,尤其是在人们以问话的形式提出请求时。例如,如果父母问孩子:"你为什么不去理发呢?"这样的请求很容易被孩子听成要求或指责。对此,父母可以先说出感受和需要:"我们担心你的头发太长会遮住视线,特别是在骑自行车的时候,你要不要去理个头发呢?"

更常见的是，人们在说话时并不知道自己到底想要什么。他们可能会说："我没有什么请求。""我只是把我想说的说出来。"但在我看来，不论我们在对另一个人说什么，都希望他人有所回应。也许，（1）我们期待对方的理解——就像那位乘火车去机场的丈夫，希望对方能同理我们，与我们连结。（2）我们也可以请求对方给予我们一些坦诚的回应，来了解对方对我们的话有什么样的反应。（3）我们还有可能请求他人采取某种行动来满足需要。我们越是清楚自己想要什么，就越是能够实现所想。

请求对方重述你的话

我们的本意和他人的理解有时可能是两回事。通常我们会在对话中捕捉线索，来确定他人是否理解了我们的意思。但如果不确定，我们就需要提出明确的请求，请对方告诉我们他们听到了什么，以便在有误解的时候做出修正。有时，简单地问一句"这样清楚吗"就够了。但有些时候，即便对方说"是的，我明白了"，我们还是无法确保他们是否真正理解了我们的意思。这时，我们可以请对方再多回应一些，这样，一旦对方的理解与我们的意思有所不同或者有所遗漏，我们就有机会做出补充。

例如，一位老师对她的学生说："皮特，我昨天批改作业时没有看到你的作业本。我想和你确认这件事。请你在课后来我办公室一下，好吗？"皮特咕哝着说："好，我知道了。"便转过身准备离开。这位老师不确定皮特是否准确理解了她的意思，便立即请他重述一次："可否告诉我你听到的，我请你做的事情是什么？"皮特回答说："你让我在课后留下来，不能去踢足球，因为你对我的作业不满意。"皮特果然没有听见她要传达的信息，于是她决定重新尝试，并在这一次更加注意自己的表达方式。

诸如"你没有听明白我的话""这不是我的意思""你误会了"这样的判断，很容易被他人视为指责。因为皮特很坦率地回应了她，这位老师先向他表达了谢意。她说："谢谢你告诉我你听到我说了什么，我想我说得不够清楚，所以请允许我再试一次。"

刚开始尝试请他人重述我们的话时，可能会觉得有点不自然。因为在日常交流中，我们很少会提出这样的请求。当我强调请他人重述我们的话是一种重要的能力时，人们通常担心有人会这样反应："你觉得我是聋子吗？""别跟我玩心理学的那一套！"为了避免这样的反应发生，我们可以先向他人解释这样做的原因，清楚表明这不是在测试他们的聆听能力，而是核实我们是否已经清晰地表达了自己的意思。然而，如果对方说"我听到你说什么了！我又不是傻瓜！"我们依然可以继续体会对方的感受和需要，并选择用言语来询问："你有些生气吗？因为你希望我相信你理解了我说的话，对吗？"

请求诚实表达

在诚实表达了自己并确认对方已经明白后，我们多半会很想了解对方的反应。请求他人给予诚实表达大致可以分为三个方面：

- 对方的感受和感受的原因

有时我们想要了解对方听到我们的话有什么感受以及产生这些感受的原因。一种可能的请求方式是："听到我说这些，你的感受是什么？"然后，我们可以进一步问："为什么有这种感受呢？"

- 对方的想法

有时，我们想了解对方在听了我们的话之后有什么想法。这时，重要的是说清楚我们想听的是哪方面的想法。例如，可以问对方："我想请你谈谈我的提案是否可行。如果不太可行，你认为有哪些阻碍因素？"如果我们只是宽泛简单地问："你对这个提案的想法是什么？"而不是具体说明想要哪方面的回答，对方也许会长篇大论，说的却不是我们想要了解的内容。

- 对方是否有意愿采取特定行动

还有些时候，我们想要知道对方是否愿意采纳我们的提议。我们可以问："我想知道，你是否同意将我们的会议推迟一周？"

在使用非暴力沟通时，我们需要清楚自己希望对方给予什么样的回应，并且清晰地提出相应的请求。

在团体中提出请求

在团体中发言时，更要说清楚我们希望得到什么样的回应，否则对话很可能不着边际、徒劳无功，也无法满足任何人的需要。

我经常受邀与关心种族歧视问题的团体一起工作。这些群体时常面临会议冗长又毫无成效的问题。为了参加会议，参与者们时常要将有限的精力用来安排行程、托人照顾孩子，没有成效的会议对他们来说代价高昂。许多人因为会议太浪费时间而退出了团体。此外，他们所追寻的机构变革也不如想象中快速和顺利。因而，使会议变得富有成效对他们来说显得十分重要。

有一个团体致力于推动当地的学校改革，他们认为学生们遭受来自学校的多方面的种族歧视。由于他们的集体会议缺乏效率，成员相继离开。我受邀前去旁听他们的会议。我提议他们按照往常的方式开会，而我会适时告诉他们何时使用非暴力沟通来获得帮助。

会议一开始，一位男士请大家关注一则最近的新闻，其中报道了一位少数族裔的妇女抱怨女儿在学校受到来自校方的不公正待遇。一位女士随即分享了当年她在同一所学校就读时的个人经历。紧接着，其他人开始分享类似的经历。20分钟后，我询问与会人员，目前的讨论是否能满足他们的需要。没有一个人的回答是肯定的。一位男士甚至气冲冲地说："每次开会都是这样！与其坐在这里听这些老生常谈，真不如去干点别的！"

于是我询问发起讨论的那位男士，"你提到那篇文章，是希望得到什么样的回应呢？"

他回答："我认为这篇文章很有意思。"我向他解释：我想知道的并非他对这篇文章的看法，而是他想从其他人那里获得怎样的回应。他想了一会儿，然后承认："我不确定我想要的是什么。"

我想，这就是他们浪费了会议前20分钟的原因。如果我们在集体讨论时漫无目的地发言，这样的会议很可能毫无成效。然而，只要有一个人意识到这一点，就可以提醒其他成员有效地展开讨论。例如，在那位男士没有说明他希望得到怎样的回应时，只要有人说："我不清楚你希望我们给你什么样的回应，可以请你告诉我们吗？"这样的提醒也许就可以避免继续浪费人们的宝贵时间。

团体会议时，如果话题的发起人不清楚自己想要什么，讨论就会漫无目的地拖延下去，却又无法满足任何人的需要。在印度，当某个话题的发起人获得了想要的回应，他们会说"bas"（发音同"巴斯"），意思是"谢谢你的回应，我很满意，我准备好了谈论下一个话题"。尽管我们的语言中没有这样的词，但我们可以在交流中培养和鼓励这种意识。

区分请求与要求

如果人们因为没答应我们的请求而受到责罚，他们就会将我们的"请求"视为"要求"。在听见要求时，一个人通常只能看到两种选择：屈服或者反抗。无论如何，只要人们认为我们在强迫他们，就很难友善地回应我们的请求。

让我们看看一种情况下的两个版本。杰克对他的朋友珍妮说："我感到很孤单，你今晚能来陪我吗？"这是"请求"还是"要求"呢？现在还不好说。只有看到杰克在珍妮没有同意后的反应，我们才能做出判断。假如她回答说："杰克，我今天很累，如果你想今晚有人陪你，可以找其他人吗？"如果杰克的回应是："你就是这样自私！"那么，他提出的其实是一个"要求"而非"请求"。他没有同理倾听珍妮想要休息的需要，而是指责她。

让我们再来看另外一个版本：

杰克：我感到很孤单，希望今晚你能来陪陪我。
珍妮：杰克，我今天很累，如果你想今晚有人陪你，可以找其他人吗？
杰克一声不吭地走开了。
珍妮感受到杰克的难过，就问他：你是不是有些难过？
杰克：没有。
珍妮：我感到你有些不对劲，怎么了？
杰克：你知道我有多么孤单吗？！你要是真的爱我，晚上就会留下来陪我。

同样地，杰克没有体会珍妮的需要，而是认为珍妮不爱他、拒绝了他。我们越是将对方的不应允诠释为拒绝，他人就越有可能将我们的"请求"视为"要求"。人们听见的要求越多，就越不喜欢与我们相处，我们的判断最终成了真。

反之，如果杰克理解并且尊重珍妮的感受和需要，对她说："珍妮，你的意思是你已经很累了，今晚需要休息？"那么他表达的就是真正的"请求"，而非"要求"。

如果希望他人相信我们所提出的是"请求"而非"要求"，我们可以向他人表明希望他们出于自愿来回应请求。例如，我们可以说："你是否愿意铺一下桌子？"而不是："我想要你铺一下桌子。"总之，要让他人明白我们提出的是真正的请求，最重要的沟通方式是即便在他人拒绝时我们也能同理他们的感受和需要。

同时，我们选择"请求"而非"要求"，并不意味着在他人说"不"

> 如果只是为了改变他人来寻求自己的利益，那么，非暴力沟通并不是一个适当的工具。

时，我们就只能放弃自己的诉求。选择请求意味着，我们首先同理他人为什么没有说"是"，而不是要说服他们必须答应我们。

阐明提出请求的目的

要表达真正的请求，我们还需要知道请求的目的是什么。如果只是为了改变他人来寻求自己的利益，那么，非暴力沟通并不是一个适当的工具。使用非暴力沟通时，我们希望他人的改变和回应是出于自愿和善意。非暴力沟通的意图是，建立一种基于坦诚与同理心的关系。只有当他人相信我们将彼此的关系放在首位并致力于满足彼此的需要时，人们才能够相信我们所提出的是真正的"请求"，而非伪装的"要求"。

然而，在沟通中对意图保持觉知是不容易的，尤其是父母、教师、管理人员，还有那些在工作中以影响和改变他人为目标的人们。有位母亲在一次工作坊的午间休息时对我说："马歇尔，我回家后试过了非暴力沟通，但没什么用。"于是，我请她描述一下她做了什么。

她说："就像我们上午练习的那样，回家后我向儿子表达了我的感受和需要，既没有责备也没有评判他。我只是说：'你看，当我看到你没有做你答应要做的家务活，我很失望。我希望回家后看到家里是整洁的。'接着我提出了一个请求，希望他立刻去打扫。"

"听上去你很清晰地表达了非暴力沟通的四个要素。"我回答说，"然后呢？"

"他什么都没做。"

"再然后呢？"我继续问她。

> 有些时候，即使我们带着非暴力沟通的意图和关爱提出请求，有些人仍然会把它看成要求。

"我对他说，他不能一辈子都这样懒惰和不负责任！"

我注意到，这位女士还无法区分"请求"和"要求"的不同。在她看来，使用非暴力沟通是否成功，取决于她的"请求"是否能得到满足。我们在刚开始学习非暴力沟通时，或许会发现自己只是在机械地使用它的要素，却没有意识到它真正的意图是什么。

有些时候，即使我们带着非暴力沟通的意图和关爱提出请求，有些人仍然会把它看成要求，特别是当我们处于权力上强势的一方，而对方恰恰曾受过来自权威的威逼压迫时。

一次，一所高中的管理团队邀请我向教师们示范，如何运用非暴力沟通与那些不配合的学生沟通。在校方的安排下，我和40来位被视为"社交与情绪不良"的学生会面。令我印象深刻的是，这些学生被贴上了这样的标签后，果然就表现出了"社交与情绪不良"行为。试想，如果你被贴上了如此的标签，那岂不是说不遵守学校规矩是正常的吗？！我们给他人贴上标签反而造就了那些让我们烦恼的行为，而这些行为又进一步确认着我们对他们的判断。所以，当我走进教室，看到大部分学生围在窗边对着楼下的同学大声骂脏话时，我并不感到意外。

我首先向他们提出了一个请求："请你们回到教室里坐好，好让我能介绍我自己和我们今天要做的事情。"大概有一半的学生回到了教室里。我不确定是否所有人都听清了我的请求，于是我又重复了一遍。这时，其他的学生都回到了座位，除了两位男生还靠在窗边，他们是这个班上块头最大的学生。

"请问，"我对他们说，"你们两位有谁可以告诉我，听到我说了什么呢？"其中一位转过身，不耐烦地说道："你说我们必须回来坐下。"这让我明白了，他把我的请求听成了要求。

我接着说:"先生!"我已经学会了管那些强壮魁梧的人叫"先生",特别是其中一位身上还刺着文身的时候更要这样。"你是否愿意告诉我,我怎样表达能让你明白这是我的愿望,而不是在对你发号施令呢?"

"什么?"他显然早已习惯将权威人物的话当成命令,我这样不同的表达,对他是不寻常的。于是我重复了我的话:"怎样才能让你知道我希望你做什么,而不会让你认为我在发号施令呢?"他想了想,然后耸了耸肩说:"我不知道。"

"现在我们两人之间的对话,正是我今天想和你们讨论的话题。我相信,人们如果可以说出自己的愿望,但又不对他人发号施令,人与人之间可以相得更加愉快。我说出我的愿望,并不是要求你非做不可;也不是如果你不做,就要让你的日子难过。我不知道,如何表达才能让你信任这一点。"这番话似乎触动了这位年轻男子,他与伙伴慢慢走回了座位,我也感到松了口气。在类似的情况下,有的时候我们需要花一些时间让人们了解我们提出的是"请求"而不是"要求"。

在提出请求时,我们不妨仔细观察一下自己是否带着这样一些不假思索的想法。如果有,那么我所提出的"请求"就会变成"要求":

- 他**应该**自己把房间打扫干净。
- 她**应当**按照我说的做。
- 老板**理应**给我加薪。
- 我有**理由**让他们留得更晚。
- 我**有权**多休几天假。

如果以这样的想法来表达需要，一旦别人没有满足我们的请求，我们势必会指责他们。有一次，我的小儿子布拉特没有倒垃圾，我就有了类似自以为是的想法。之前我们在讨论家务分工时，他认领了清理垃圾的工作，但后来我们还是每天为此产生口角。为了让他去倒垃圾，我一再地提醒他："这是你的活儿。"或是"我们每个人都有自己的任务。"

后来有一天晚上，我和他又针对这件事做了一番交流，这一次，我仔细聆听，终于听到了他不愿倒垃圾行为背后的心声。于是，我写下了这首《布拉特之歌》。

如果我知道你并不是在要求我，
当你召唤我时，我会乐意回应你。
如果你高高在上，像个盛气凌人的老板，
你将会发现，你一头撞在了墙上。
当你假惺惺地提醒我，你为我做的各种事情，
你最好准备再次碰壁！
就算你大喊、大怒、抱怨、叹息，甚至要揍我，
我依然不会去倒垃圾。
而现在，即使你改变方式，
我也需要花一些时间来原谅你。
因为，在我看来，当我不符合你的期待，
你似乎就不会把我当人看待。

当布拉特感受到我已经理解并尊重他的立场后，他开始主动倒垃圾，那之后我再也没有为此提醒过他。

小结

非暴力沟通的第四个要素是提出请求，以便让我们的生命更加丰盈。在提出请求时，我们要尽力避免模糊、抽象或模棱两可的语言，说明我们要什么，而不是不要什么。

在开口时，我们越是把想要得到的回应表达清楚，就越有可能得到这样的回应。由于我们所表达的信息与别人的理解有可能不一致，我们需要学习去发现对方是否已经准确无误地接收到了我们的信息。特别是在团体讨论中，更需要清楚知道和说明我们想要的回应。否则，讨论可能只是在浪费大家的时间。

一旦人们认为不答应我们的请求就会受到责罚，"请求"就成了"要求"。为了让人们信任我们所提出的是"请求"而非"要求"，可以清楚地表明我们希望人们出于自愿来满足请求。非暴力沟通的意图不是为了改变他人来满足自己，而是帮助双方建立坦诚和有同理心的关系，最终每个人的需要都能得到满足。

非暴力沟通实例

与好友谈论戒烟

阿尔与博尔特是30多年的好朋友。博尔特每天要抽两包烟，多年来，不抽烟的阿尔想尽一切办法劝说博尔特戒烟。而每当阿尔尝试这么做时，博尔特多半会认为阿尔在批评他。

过去一年来，眼见博尔特咳嗽得越来越厉害，有一天，阿尔终于忍不住将所有埋在心里的怒气和忧虑告诉了博尔特。

阿　　尔：博尔特，我知道这件事情我们已经说过无数次了。可是我还是想告诉你，我害怕那该死的香烟会送了你的性命！你是我最好的朋友，我希望你能与我一起活着，越久越好。请不要认为我又在指责你，我真的没有。我只是很担心你。
博尔特：我知道你在担心我。我们是那么多年的朋友了……
阿　　尔：（提出请求）你愿意戒烟吗？
博尔特：我也希望我做得到。
阿　　尔：（聆听博尔特做不到背后的感受与需要）想到戒烟，你害怕自己做不到是吗？
博尔特：是的……你知道我已经尝试了好多次，但都没有成功……大家都看不起我。
阿　　尔：（猜测博尔特想要提出的请求）我没有瞧不起你，即使你再次戒烟失败，我也不会看不起你。我只是希望你再试一下。
博尔特：谢谢。但只有你没有看不起我……我能从其他人的眼里看出，他们都认为我是个没用的人。
阿　　尔：（试着同理倾听博尔特的感受）是不是戒烟已经够难了，还要担心其他人会怎么看你，这对你来说压力很大？
博尔特：我真的很憎恨自己被香烟摆布……
阿　　尔：（阿尔看着博尔特的双眼，点了点头沉默了片刻，他的眼神流露出他对博尔特深深的关心。）

博尔特：其实我已经不再喜欢抽烟了。特别是在公众场合，抽烟就会被别人厌恶，我觉得很尴尬。

阿　尔：（继续体会博尔特的感受和需要）听起来你真的很想戒烟，可又担心失败，让你因此看不起自己并失去信心。

博尔特：嗯，我想是吧……你知道吗？我从来没有和你说过，以前要是有人劝我戒烟，我就会让他们滚蛋。我想要戒烟，但我不希望别人给我压力。

阿　尔：我不想给你包袱，我也不知道能否让你打消顾虑，但只要你愿意，我一定会尽力支持你。

博尔特：我愿意。你那么关心和支持我，我真的很感动。但是……如果我现在还没有准备好，你会介意吗？

阿　尔：当然不会，博尔特。我依然爱着你，我只是希望我能爱你更久一些。

　　因为阿尔提出的是真正的请求而不是要求，因此，不论博尔特如何回应，他都始终专注在双方的连结上。通过"我依然爱你"这句话，他向博尔特表达了他的心意和对博尔特的尊重。同时，在说"希望能爱你更久一些"时，阿尔也表达了自己的需要。

博尔特：好，我会再试一次……但不要告诉别人好吗？

阿　尔：当然，由你决定什么时候准备好了，我不会告诉任何人。

练习四：表达请求

根据你的理解，下列哪些句子是一个清晰、具体、可行的请求？

1. "我希望你理解我。"
2. "请告诉我,你欣赏我做的哪一件事情。"
3. "我希望你能更加自信。"
4. "我希望你不要再喝酒了。"
5. "请你让我做自己吧。"
6. "关于昨天的会议,我希望你能和我说实话。"
7. "我希望你在规定的时速内驾驶。"
8. "我想更好地了解你。"
9. "我希望你尊重我的隐私。"
10. "我希望你能经常做晚饭。"

以下是我对练习四的回应:

1. 如果你选择这一句,我们意见不一致。在我看来,"你理解我"并不是一个具体明确的行动。一个具体明确的请求可以是:"你是否可以告诉我,在你听来,我刚才说的是什么意思。"

2. 如果你选择这一句,我们的意见一致。

3. 如果你选择这一句,我们意见不一致。如果改为"我希望你能参加一个关于提升主动性的培训,这会让你更有自信",那么,我认为这是一个明确的请求。

4. 如果你选择这一句,我们意见不一致。在我看来,"不要再喝酒"并没有表达出说话的人想要什么,而是不想要什么。一个具体明确的请求可以是:"你是否可以告诉我,喝酒可以满足你什么需要?是否还有别的方式能满足这些需要。"

5. 如果你选择这一句,我们意见不一致。"让我做自己"并不是一个具体明确的行动。一个具体明确的请求可以是:"我希望你告诉我,即使我做了让你不喜欢的事情,你仍然会和我在一起。"

6. 如果你选择这一句,我们意见不一致。"和我说实话"不是一个具体明确的行动。一个具体明确的请求可以是:"请告诉我,你对我做的事情有什么感受,你希望我能有什么样的改变?"

7. 如果你选择这一句,我们的意见一致。

8. 如果你选择这一句,我们意见不一致。如果改为"请告诉我,你是否愿意每周和我吃一次午餐",那么,在我看来,这是一个具体明确的请求。

9. 如果你选择这一句,我们意见不一致。"尊重隐私"并不是一个具体明确的行动。一个具体明确的请求可以是:"请答应我,进我的房间前先敲门。"

10. 如果你选择这一句,我们意见不一致。在我看来,"经常"的意思并不明确。一个具体明确的请求可以是:"我想请你在每周一准备晚餐。"

第七章

以同理心倾听

前四章介绍了如何通过非暴力沟通的四个要素诚实地表达自己：我们观察到什么，有什么感受和需要，提出什么请求来丰盈自己的生命。本章我们将这四个要素运用于沟通过程的另一部分——同理倾听他人的观察、感受、需要和请求。

不去做什么，只是在那里

同理意味着，以尊重的态度来了解他人的体验。中国先哲庄子称，真正的同理需要全身心地倾听："只用耳朵来听是一回事，用理解去听是另一回事。而听其神则并不受限于我们的任何器官，不受限于耳朵或者头脑。因而这样的听需要我们全然地放空感官。当感官空灵，你的生命就作为整体的存在开始倾听。如此，便能直接感知在你面前的人、事、物，这是永远无法用耳朵听见或用头脑理解的。"

要同理他人，必须完全卸下对他人先入为主的成见和评判，这就是与他人"同在"的状态。出生于奥地利的以色列哲学家马丁·布伯（Martin Buber）形容这是我们面对生命时所需具备的态度："生命中的情境虽有诸多相似之处，但每时每刻却如新生儿般，带着崭新的面孔，从未有过也永不再现。你无法提前准备如何回应，也无法停留在过去。生命呼唤着你与它同在当下，负起责任而又全心投入。"

然而，保持临在绝非易事。法国哲学家西蒙娜·薇依（Simone Weil）写道："将注意力给予受苦之人，是极其稀缺的能力，也是困难的事情。这近乎奇迹。可以说这就是奇迹。几乎所有认为自己可以做到的人，实际上并不具备这种能力。"我们常常给予他人建议或宽慰，或者解释自己的立场或感受，而非同理。同理心需要我们将注意力全然地聚焦在他人想传达的信息上，给予他人足够的时间与空间充分地表达。用佛家的一句话"不去做什么，只是在那里"来描述同理这个能力再恰当不过了。

如果一个人需要同理，我们却试图通过安慰或建议来"搞定"对方的问题，他人往往会感到沮丧。对此，我的女儿给我上了一课。她教会我在给予建议或安慰前，先核实那是不是对方想要的。

有一天，女儿看着镜子中的自己说："我丑得像头猪。"

"你是上帝带到这个地球上最美丽的礼物。"我立马信誓旦旦地对她说。没想到，女儿生气地对我喊了声"爸爸，你真是的！"，随即砰的一声甩门离去。后来我才意识到，她想要的只是我能同理她的心情，我的宽慰是那么地不合时宜。其实我只须对她说："你对你今天的样子感到失望是吗？"

我的朋友霍莉·汉弗里（Holley Humphrey）做了一些归纳，来说明哪些行为会妨碍我们以同理心与他人连结。

给建议："我认为你应该……""为什么你没有这样……"

比惨:"这算不了什么。你听听我曾经经历过的。"

说教:"如果你这样做……这就会转变成一个非常积极的体验。"

安慰:"这不是你的错,你尽力了。"

讲故事:"这让我想到曾经……"

摆脱感受:"高兴一点儿,不要这么难过。"

同情:"哦,你真是可怜……"

询问:"这种情况是什么时候开始的?"

解释:"我本来想打电话给你,可是……"

纠正:"事情不是这样的。"

在《当你遇到创伤时》[①]一书中,犹太教拉比哈罗德·库什纳(Harold Kushner)讲述,经历了丧子之痛,他听到人们的安慰极为痛苦。然而更令他难过的是,他发现过去20多年来,自己在别人遭遇不幸时也说着同样的话。

我们常常认为要想办法解决问题或让他人好受些,但这些却恰恰阻碍了与他人同在。对于咨询师或心理治疗师来说,更容易如此。一次,我与一群精神健康专家工作。我问他们,当来访者表达"我感到非常压抑,找不到任何活下去的理由"时,他们会如何回应,同时我请他们将回应逐字逐句写下。收集好他们的回答,我说:"我念出你们每个人写下的回应。想象一下,你是那位求助者,如果你认为某个回答表达了对你的理解,就请你举手。"在23个回答中,只有3个有人举手。最频

---

① 《当你遇到创伤时》(*When Bad Things Happen to Good People*)中文简体版由华夏出版社出版。

如果我们习惯为他人的感受承担责任并因此而自责，那么关注他人的感受与需要则会变得非常困难。

繁的回应是"这是什么时候开始的"，乍看之下，这类提问是专业人士为诊断以及治疗收集信息，事实上，试图分析问题无法让我们与他人同在。如果我们只是关心别人的话是否符合我们的理论，我们是在审视他们，而没有与他们同在。同理的核心是"临在"——全然地与他人以及他们当下的体验同在。因此，"同理心"不同于头脑上的理解，也并非"同情"。有时我们会因为体会到他人的感受而心生同情，这时我们需要格外警惕，当我们对他人表达同情时，就不是在同理他们。

倾听他人的感受和需要

不论人们以什么样的方式来表达自己，我们都可以用心聆听他们的观察、感受、需要和请求。想像一下，你将自己的轿车借给了有急事的新邻居，你的家人知道后反应强烈："你这样信任一个陌生人实在太傻了！"此时，你就可以借助非暴力沟通的要素来聆听他们的感受和需要，而非自责或反驳他们。

在这个例子中，你显然可以看出家人观察到的事实是：你将轿车借给一个陌生人。而有些时候，我们并不清晰别人的话是基于怎样的观察。例如，一位同事对你说："你没有团队精神。"你可能一头雾水，不知道同事指的究竟是哪件事，但我们可以通过询问来猜测是什么事情引发了这句话。

此外，如果我们习惯为他人的感受承担责任并因此而自责，那么关注他人的感受与需要则会变得非常困难。在一次工作坊上，有位女士想要学习聆听先生的感受和需要。我建议她在表达自己之前，先来猜测先生的感受和需要，再与他核实。

（先生的表达："和你讲话有什么用？你从来都不听！"）

太　太：你是在生我的气吗？

马歇尔：你这么说，暗含着是你的行为导致了他的感受。我建议你说："你不高兴，是因为你需要……？"这有助于你将注意力放在对方身上，了解他此刻的内心，而避免认为对方会怪罪自己。

太　太：那我要怎么说呢？"你不高兴，因为你需要……？需要什么呢？"

马歇尔：从你先生的话中去寻找线索——"和你讲话有什么用？你从来都不听"。当他那样说的时候，是因为有什么需要没有得到满足？

太　太：（尝试着透过丈夫的表达，同理他的需要）你感到不高兴，是因为你觉得我不理解你吗？

马歇尔：你现在关注的是他的想法而非他的需要。我认为，如果我们选择关注对方的需要，而不是他们对我们的看法，就比较不会认为他们在攻击。不把注意力放在"他不高兴是因为你没听"，而是专注在他想满足的需要上，用"你感到不高兴，是因为你需要……"

太　太：（再次尝试）你感到不高兴，是因为你需要被听见吗？

马歇尔：这正是我的意思。用这样的方式聆听他，对你来说有什么不同吗？

太　太：确实太不同了。我听到的是他的心声，而不是我的过错。

> 非暴力沟通建议我们用提问的形式来复述我们的理解，便于对方做出必要的更正。

复述

在谈到"请求"的第六章中，我们学习了如何邀请他人来重述我们所说的话。现在，我们将学习在聆听他人的观察、感受、需要和请求后，通过复述对方的话，将我们的理解反馈给对方。

复述对方的话可以让对方知道我们是否已经准确地领会了他们的意思；如果我们的复述还不到位，他人就有机会加以更正。此外，这样做还有一个好处是，给了对方一些时间来思考自己所说的话，从而有机会深入了解自己。

非暴力沟通建议我们用提问的形式来复述我们的理解，便于对方做出必要的更正。我们的提问可以专注于以下几个方面：

1. 对方所观察到的事实："上周我有几个晚上不在家，你说的是这件事吗？"
2. 对方的感受以及引发感受的需要："你很伤心，因为你希望自己的努力得到肯定，是吗？"
3. 对方提出的请求："你是不是希望我告诉你，为什么我会说这些话？"

要提出这些问题，我们要能感知他人的内在状态（感受和需要），同时邀请他人更正我们没有理解到位的地方。请注意上述问题与以下问题的区别：

1."你指的是我做的哪件事情？"
2."你现在心情怎么样？""为什么你会有那样的感受？"
3."你希望我怎么做？"

第二组问题并不需要我们感知他人的内在。尽管这些问题看起来很直接，但我却发现，它们并不是获取讯息的最佳途径。这样的提问方式，就像老师在考学生，或是心理咨询师在问诊。如果我们实在要这么问，根据我的经验，最好先披露自己的感受和需要，让对方明白我们为什么这样问。这样，人们会感到更安全些。例如，与其问别人："你指的是哪件事？"不如说："我有些困惑，我想知道你指的是哪件事。你愿意告诉我吗？"如果我们已经通过互动或说话的语气表明了我们的感受和需要，这一步也许并不是必要的。但若我们在提问时带有强烈的情绪，我建议最好清晰表达我们的感受和需要。

如何决定什么时候需要复述他人的话呢？显然，当我们不确定自己是否理解了对方的意思，就可以通过复述让对方有机会做出说明或更正。即便我们确信已经理解了对方，可能还会发现对方也想对此做出确认。有时，他们会直接问："这样说清楚吗？"或"你明白我的意思吗？"这时，如果你能把听到的话清楚地复述出来，往往会比一句"我明白了"更能让对方安心。

一位医院志愿者参加了非暴力沟通工作坊，不久后，护士们请她和一位上了年纪的病人沟通。护士们告诉她，老太太的病情并不严重，只要服药就能好转。但她整天一个人坐在房间里反复地念着"我不想活了，我不想活了"。这位志愿者见到老太太时，发现她就像护士们说的，一个人坐在那里，一遍遍地喃喃自语："我不想活了……"

"你的意思是你不愿意活下去了？"这位志愿者同理了老人。老人很惊讶，她停了下来，仿佛松了口气。接着，她开始诉说从没有人明白她是多么痛苦。这位志愿者持续地反馈着老人的意思，说着说着，两人就愈来愈亲热，手挽手地坐在了一起。后来，护士们问这位志愿者用了什么妙招，因为老人开始吃饭、服药，连精神状态也明显好转。护士们并不知道，尽管她们一直尝试帮助老人，安慰她、劝解她，但直到和这位志愿者谈话时，老人才获得她真正需要的——有人能够听见她内心深处的苦痛。

　　究竟何时进行复述，并没有严格的规定。一般来说，如果说话者带有强烈情绪，反馈他们的情绪会让他们感到欣慰。如果我们是说话者，不妨清楚地表明是否希望对方把我们的话复述出来，这样对方会更清晰。

　　还有些时候，出于对不同文化习俗的尊重，我们可以选择不用语言反馈他人。一位华人男子为了学习如何同理父亲参加了非暴力沟通工作坊。他过去常常在父亲的话中听到批评与攻击。为此，他极度害怕探望父亲，每隔几个月才硬着头皮去一次。此后又过去 10 年，我们再次见面，他告诉我，听见感受和需要的能力，彻底改变了他与父亲的关系，他们的连结变得亲密且充满爱。但尽管如此，在聆听父亲的感受和需要时，他并不会用语言复述出来。"我从不说出来，"他解释说，"在我们的文化中，直接谈论一个人的感受是很少见的。但重要的是，我不再将父亲的话视为对我的攻击，而是体会他说那些话背后的感受和需要，我们的关系便日益好转了。"

　　"你的意思是，你永远不会直接和父亲说他的感受，只要能够听出他的感受就能帮到你们的关系？"我问他。

> 我们以为自己受到了指责，实际上，人们之所以会说那些话，其实是在诉说他们有一些需要没有得到满足，希望得到我们的帮助。

"不。我想现在已经准备好了。如今，我们的感情已经足够深厚了，如果我对他说'爸爸，我想和你谈谈感受'，我想他也不会觉得意外了。"他回答说。

在复述时，要特别注意语气。一个人在听别人反馈自己的话时，哪怕听到一点点批评或嘲讽，都会格外敏感。如果我们的语气像是在下判断，仿佛认定对方心里在想什么，这通常会让他人感到不舒服。因而，带着觉知聆听他人的感受和需要时，我们的语气是探询式的，是为了确认我们的理解是否到位，而不是在下结论。

有时，人们可能会错误地理解复述的意图。如果对方回应我们："少跟我玩这套心理学的把戏了！"我们可以继续感知对方的感受和需要。我们也许会发现，对方并不信任我们的动机，需要更进一步了解我们的用意，才有可能欣然接受我们的表达方式。正如先前提到的，当我们专注于话语背后的感受和需要时，就再也听不到任何批评、攻击、辱骂和评判了。我们越是这样做，就越能够领悟到一个简单的真谛：我们以为自己受到了指责，实际上，人们之所以会说那些话，其实是在诉说他们有一些需要没有得到满足，希望得到我们的帮助。如果意识到这点，我们就永远不会因他人的话而认为自己受到了屈辱。而我们之所以认为自己尊严受损没有被当人看，正是因为我们陷入对他人的负面评判中，或沉浸在认为自己犯了错而自责的想法中。

作家、神话学家约瑟夫·坎贝尔说过："腾出'他人如何看待我'这个想法的空间给天赐之福。"一旦我们将那些原本听起来像批评或指责的话看作来自他人的礼物——为身处痛苦中的人们提供服务的机会，我们就会感受到这份极致的幸福。

如果人们常常怀疑我们复述时的动机和诚意，那么，我们就需要好好审视自己的意图。也许，我们只是在机械地复述和运用非暴力沟通的要素，而不清晰这样做目的何在。如果是这样，我们可以问自己，是否更多地将关注放在了"正确"运用流程上，而没有用心和眼前的人连结。又或许，我们虽然使用非暴力沟通的形式，但真正想要的却是改变他人的行为。

还有人认为在沟通中进行复述是浪费时间。一位市政府行政管理人员在一次练习中表示："我的职责是给出事实和解决方案，不是干坐在这里，为每个来找我的人做心理咨询。"然而，许多市民带着热切关注的议题而来，却因为没有被听到而带着愤怒离开，公众因而对他心怀不满。有些市民私下向我吐露："每次去他的办公室，他就给你讲一堆事实，你却从来不知道你的话他有没有听进去。在这种情况下，你自然会开始怀疑他讲的事情。"

事实上，复述往往能够节省时间而非浪费时间。一项有关劳资管理谈判的研究显示，在谈判中，如果一方在回应前先准确复述对方说过的话，那么，达成和解的时间则会缩短一半。

我记得，曾经有一位男子因为婚姻出现了严重问题，便和妻子一起参加了我的工作坊。最初他也不相信复述会有什么效果。在课堂上，太太对他说："你从不好好听我说话。"

"我怎么没听。"他答道。

"不，你没听。"太太反驳道。

这时，我对这位先生说："恐怕你刚刚已经证实了她的观点。你回应她的方式并没有让她知道你在听她说话。"

对于我的观点，他有些困惑。于是，我问他是否可以让我来扮演他的角色，与他的妻子对话。由于一直以来在这方面不甚成功，他欣然答应了。接着，我和他的太太便展开了以下这段对话。

太太："你从不好好听我说话。"

我（扮演她的丈夫）："听起来，你很失望，你希望在我们的沟通中感受到更多的连结。"

听到这些话时，太太的眼里泛起了泪水，她终于体验到了被人理解是怎样的感觉。我转向她的先生，向他解释："我相信这就是她一直以来渴望的，从复述她的感受和需要中得到确认，你真的在听她说话。"这位先生十分惊讶："她想要的就是这样吗？"他难以置信如此简单的行为，居然能对太太产生如此大的影响。

接下来，这位先生也就某件事表达了对太太的不满。当太太将他的话复述给他时，先生也亲身体验到了那种满足感。他看着我说："这样做有价值！"一个人能够明确地感受来自他人的同理心，是一种多么深刻的体验。

持续同理他人

我建议，在关注解决方案或提出请求前，让他人有机会充分表达自己。如果急于提及他人的请求，人们或许会以为我们对他们的感受和需要并不真的感兴趣，只是急着要摆脱或解决他们的问题。此外，人们在谈话开始所透露的信息往往只是冰山一角，有许多相关且更为强烈的感受尚未表达。当我们持续关注他人的内心世界时，便让他人有了机会充分探索和表达自己。

假如一位母亲诉苦说："我的孩子简直难以理喻。不管我要他做什么，他都不听。"这时，我们可以反馈她的感受和需要："听起来，你很伤心，你希望找到办法和儿子连结。"这样的回应往往会促使对方审视自己的内心。如果我们准确地反映了她想表达的意思，她也许还会触碰到其他感受："也许这是我的问题，我总是冲他大喊大叫。"作为聆听者，我们可以继续关注她所表达的感受和需要，并表达同理："你是否有些内疚，你希望能更多理解孩子？"如果这位母亲能持续地感受到我们的理解，也许会说出她内心深处的感受或想法："我是个失败的母亲。"我们同样继续聆听她的感受和需要："你有些气馁，你想加深与儿子的情感联系，是吗？"我们持续这般地同理她，直到她充分表达了相关的所有感受。

如何知道我们已经充分同理了他人呢？首先，如果一个人体验到当下的内心世界被他人充分理解了，就会感到轻松。这时，我们也会相应地在自己身上感受到不再那么紧绷。还有一个更明显的迹象是，对方会安静下来停止说话。如果我们无法确定对方是否充分地表达了自己，不妨问一句："还有什么是你想要说的吗？"

当我们痛苦得无法同理

我们无法把自己没有的东西给予他人。有时，我们会发现，即使做出了努力，也无法或不想同理他人，这通常表明我们自己并没有得到足够的同理。有时，如果我们能够坦然地承认，自己正处于痛苦中，以致无法同理对方，他人很可能会反过来同理我们。

有时我们也需要给予自己一些同理"急救"，关注和聆听自己的内心世界。联合国前秘书长达格·哈马舍尔德（Dag Hammarskjöld）曾说："你越是忠实地聆听自己内心的声音，就越能听到外面的世界。"如果我们善于同理自己，就有能力迅速地调整好状态，得以与他人同在。

如果做不到，我们还有另外一些选择。

一种选择是以非暴力的方式来呐喊——"非暴力呐喊"。有一次，我花了3天时间调停两派人马之间的冲突。其中一派称自己为"埃及黑人"，另一派来自东圣路易斯警察局。一个月内，一方死了2人，另一方死了1人。那3天中，我努力帮助双方相互听见并化解分歧。我记得最后一天开车回家的路上，我和自己说："这辈子再也不想身处这样的冲突中了。"

没想到一进家门，我就看到孩子们正在打架。那时，我已经没有力气去同理他们了，便使用非暴力沟通的方式大声地呐喊道："我现在很难受！真的不想来管你们打架的事情，我只想要安静一会儿！"听到这番话，我年仅9岁的大儿子停了下来，看着我问道："你愿意和我们说说吗？"

我发现，如果我们能坦诚并且不带指责地谈论自己的痛苦，即使对方也处于苦痛之中，有时也能够听见我们的需要。在前述的例子中，我不想冲着孩子大喊："这怎么回事？你们就不能乖一点吗？我在外面辛苦了一整天才回到家啊！"我也不想用任何其他方式来暗示对方错了。"非暴力呐喊"就是提醒他人注意我在当下的痛苦和迫切的需要。

不过，如果对方也处于强烈的情绪中，无法听见我们，也不肯放过我们，而同时，同理"急救"和"非暴力呐喊"都无法帮助我们的话，我们的另一种选择就是：暂时离开现场，得到自己所需的同理心，等到心境调整好了之后再回去。

小结

所谓"同理"就是带着尊重来理解他人的经历。我们常常有强烈的冲动想给他人建议或安慰，或是解释自己的立场和感受。同理则邀请我们清空先入为主的想法，全身心地聆听他人。

活在非暴力沟通中意味着，不论他人用什么样的言辞来表达自己，我们都只是聆听他们的观察、感受、需要和请求。接着，我们可以选择反馈他们的意思、复述我们的理解。此外，持续地同理让他人有机会充分表达自己，当他人感到被充分理解后，我们再来关注解决方案或提出请求。

我们自己也需要获得同理才能更好地同理他人。当意识到自己处于辩解防卫的状态或痛苦得无法同理他人时，我们可以选择（1）停顿，深呼吸，同理自己；（2）"非暴力呐喊"；（3）离开现场。

非暴力沟通实例

一位丈夫在临死前与太太的对话

一位病人被诊断为肺癌晚期。在他被送往医院前,这是他最后一次有机会和妻子建立情感上的连结,并且谈论他的死亡。现场还有协助他的护士。谈话一开始,妻子就向护士抱怨护理先生的一位理疗师。

妻子:这位治疗师很差劲。

护士:(同理太太的感受和渴望)你是不是有些生气,希望先生得到更好的照料?

妻子:她什么都不做。只要发现他的脉搏稍微快一些,就不让他走路了。

护士:(继续聆听她的感受和需要)是不是你害怕,如果治疗师不鼓励他多活动,他就没有办法好起来呢?

妻子:(哭了起来)是的,我真的很害怕!

护士:你害怕会失去他是吗?

妻子:是的,我们一起生活了这么久。

护士:(聆听她害怕背后的其他感受)你担心如果他走了,你不知道怎么办是吗?

妻子:我完全无法想象,没有他,我怎么活下去。一直以来他都在我身边,从来都是啊。

护士：想到将失去他，你很悲伤，是吗？

妻子：除了他，我身边没有其他人了。他是我的全部。我女儿甚至都不和我说话。

护士：想到你女儿，你感到灰心，希望与她的关系能好些，是吗？

妻子：是的。但她很自私。我甚至不明白为什么要生孩子！如果没有孩子，我现在会过得更好。

护士：听起来，你有些愤怒和失望，在先生生病的时候，你希望家里人能给你更多支持。

妻子：是的，他病得这么重，我不知道我一个人怎么撑过去。除了有你在……现在……我身边连个说话的人也没有。他也不愿和我说这些……你看看，他一句话也不说！"（先生面无表情地保持着沉默。）

护士：你是不是很难过，希望你们能相互扶持，有更亲密的连结？

妻子：是的。（她停了一下，然后，提出了一个请求。）我想请你用和我说话的方式与我先生谈谈。

护士：（想了解太太请求背后的需要）你是不是希望他能得到同理，这能帮助他说出内心的感受？

妻子：是的，是的，就是这样！我希望他能把心里的话说出来，我想了解他现在的心情。

借助护士的猜测，这位太太意识到自己的愿望并清楚地表达了请求。这是一个关键性的时刻，身处某个情景之中，人们知道自己不想要什么，却往往很难看到自己想要什么。在这个例子中，我们可以看到，一个清晰的请求——"请你用这样的方式和我先生谈谈"是如何赋予了他人某种力量。因为知道了这位太太的心愿，护士现在就可以采取行动来满足她。这意味着她们将带着爱"一起工作"，屋内的气氛也因而变得不同。

护士：（转向那位先生）听了太太的分享，你现在感觉怎么样呀？
丈夫：我真的很爱她。
护士：你愿意现在和她谈谈吗？
丈夫：是的，我们需要谈一谈。
护士：你得了重病，你愿意告诉她你的感受吗？
丈夫：（他沉默了一会儿）感觉不太好。

人们常常在不清楚自己具体有些什么感受时，用"好"与"坏"来描述。如果先生能够更准确地表达感受，将会帮助他和妻子建立他所渴望的情感连结。

护士：（鼓励他更准确地表达自己）你是不是害怕即将走向生命终点？
先生：不，我不害怕这个。（请注意，护士虽然猜得不准确，但这并没有阻碍交流继续下去。）
护士：（由于这位先生很难说出他的内心世界，护士便继续协助他。）想到死亡，你感到愤怒吗？
先生：不，我并不愤怒。
护士：（猜错了两次后，护士决定说出她的感受。）我有些迷茫，不知道你现在的感受是怎样的。你愿意和我说说吗？
丈夫：我在想，我走了以后她怎么办。

护士：你担心，没有你在身边，她无法照顾好自己的生活吗？

丈夫：是的，担心她会想我。

护士：（她知道弥留之际的病人常常放心不下心爱的人。有时他们需要得到确认，心爱的人准备好了接受他们的死亡，他们才能放心地离去。）你想要听听太太现在的心情吗？

丈夫：想。

这时，太太加入了对话。因为护士始终带着同理心陪伴着这对夫妻，他们开始向彼此敞开心扉，表达自己。

在这段对话中，太太一开始是在抱怨理疗师。但在对话过程中，护士不断地同理妻子，她终于意识到自己真正渴望的是在生命中的这个关键时刻，和先生有更深的连结。

练习五：以同理或非同理的方式回应他人

让我们练习用语言来表达对他人的同理。在以下十组A和B的对话中，请问，在哪些对话中，B同理回应了A。

1. A. 我怎么会做这么愚蠢的事？
   B. 没有人是完美的。你对自己太苛刻了。
2. A：在我看来，所有这些移民，从哪儿来就该送回哪儿去。
   B：你认为这样就真的解决所有问题了？
3. A：你以为你是上帝吗？！

B：听起来你有些生气，是不是因为你希望我能看到，一件事情可以从不同的角度来看待？

4. A：你从不把我当回儿事。没有我的话，天晓得你能怎么办。

    B：不是这样的！我没有不把你当回儿事。

5. A：你怎么可以这样和我说话？

    B：我那样说话，你是不是很伤心？

6. A：想到我先生，我就很生气。我需要他的时候，他从来都不在。

    B：你认为他应该多陪陪你？

7. A：我讨厌自己变得越来越胖。

    B：慢跑也许能帮助你。

8. A：为了准备女儿的婚礼，我紧张得要命。可是，她的婆家什么忙都不帮，还几乎每天都要改变想法。

    B：听起来，为了安排这场婚礼，你很紧张。你希望亲家在做决定时能体谅你吗？

9. A：当亲戚们不请自来时，我感到被侵犯。这让我想起，我的父母在过去经常无视我的需要，替我做安排。

    B：我明白你的感受，曾经我也是这样。

10. A：你的表现让我很失望，我本来指望你们部门上个月的产量会翻番。

    B：我知道你很失望，但上个月我们部门有很多人请了病假。

以下是我对练习五的回应：

1. 如果你选择这个对话，我们的意见不一致。我认为 B 是在安慰 A，而非同理回应 A。

2. 如果你选择这个对话，我们的意见不一致。我认为 B 在试图教育 A，而非同理回应 A。

3. 如果你选择这个对话，我们的意见一致。

4. 如果你选择这个对话，我们的意见不一致。我认为 B 在否认和辩解，而非同理 A 的内心世界。

5. 如果你选择这个对话，我们的意见不一致。我认为 B 在为 A 的感受承担责任，而非同理 A 的内心世界。如果用同理的方式来回应 A，B 可以说："你是不是有些伤心，你希望我能同意你的请求？"

6. 如果你选择这个对话，我们的意见不完全一致。我认为 B 回应了 A 的想法。然而，我相信，同理感受和需要而不只是回应想法，更能够促进人与人的连结。如果用同理的方式来回应 A，B 可以说："听起来，你很生气，因为你希望他能多陪陪你？"

7. 如果你选择这个对话，我们的意见不一致。我认为 B 是在提建议，而非同理回应 A 的体验。

8. 如果你选择这个对话，我们的意见一致。

9. 如果你选择这个对话，我们的意见不一致。我认为，B 认为自己理解了 A，并且谈论起自己的感受，而非同理回应 A 的体验。

10. 如果你选择这个对话，我们的意见不一致。我认为，虽然一开始 B 关注了 A 的感受，但之后就开始解释自己的情况。

第八章

同理心的力量

同理心的疗愈作用

卡尔·罗杰斯（Carl Rogers）曾经这样描述同理心对人的影响："如果有人真的听到了你的心声，不对你评头论足，不试图为你负责，也不想改变你，这多么美好啊！……当得到人们的倾听和理解，我就能以一种全新的眼光看世界，并继续前进。令人难以置信的是，原本看似无解的问题因此有了解决办法，千头万绪的思路也会变得清楚分明。"

安德森女士是一所实验小学的校长，我很喜欢她和我分享的这个同理心小故事。有一天，她午饭后回到办公室，发现有位叫米莉的女生正垂头丧气地坐着等她。她走到米莉身边坐下，米莉随即问她："安德森女士，你有没有这样的经历，仿佛做任何事都会让别人受伤，可你原本不想伤害任何人。""有啊！"安德森回答说，"我想我明白你的意思。"米莉随即开始讲述她这个星期以来的遭遇。

那位校长回忆着当时的情景说："那时，我快要赶不上一个很重要的会议了，而我连外套还没来得及脱下。我很着急，不想让整个会议室的人等我一个人。于是我问她：'米莉，我能为你做什么吗？'没想到，米莉伸手按住我的肩膀,看着我的眼睛,语气坚定地说:'安德森太太,我不要你做任何事,我只要你听我说话。'那一刻,我收获了生命中极其重要的一课,是一个孩子教会我的。当时我想:不管那一屋子的大人了,就让他们等一会儿吧!于是,我带着米莉找到一个不大会被人打扰的角落,在一张长椅上坐下,我搂住她的肩膀,她依偎着我,搂着我的腰。我们就这样坐着,直到米莉说完了她的心事。其实,这样做并没有花费太多时间。"

在我的工作中,最令我满足的一件事,就是听到人们告诉我,他们如何通过非暴力沟通增强了同理的能力,与他人建立了心与心的连结。我有位朋友劳伦斯来自瑞士,她也和我分享了一段经历。有一次,她和6岁的儿子谈话,话还没说完,儿子就气冲冲地夺门而去。她生气极了。这时,10岁的女儿伊莎贝尔(不久前她陪着劳伦斯参加了一场非暴力沟通工作坊)对她说:"妈妈,你看起来很生气,你希望他在生气时能把话说出来,而不是像这样一走了之?"劳伦斯惊讶地发现,听到女儿的话后,她的气就消了。当儿子回来后,劳伦斯也更能体谅他了。

一位大学老师曾经告诉我,系里的一些老师学习了非暴力沟通后,师生关系得到了明显改善。他说:"学生们越来越愿意对我们敞开心扉,分享他们的困难。他们越是愿意谈论那些影响学习的困难,就越能更好地完成学业。因此,尽管用了许多时间来聆听他们,我们还是很乐意这样做。可惜系主任却不太高兴。他认为我们不是心理咨询师,不需要花那么多时间和学生谈心,应该把那些时间用来教书才对。"

当我问他老师们如何回应时,他答道:"我们同理了系主任的顾虑。告诉他,我们听到了他的担心,他希望我们不会牵扯进一些处理不了的事中。他还希望我们与学生谈心不会影响教学任务。听到这些,他似乎

> 很多时候，我们之所以不愿意展现内心的脆弱，往往是因为我们想要显得"强悍"，害怕失去权威感和掌控感。

松了口气。后来，我们仍然继续和学生们谈心。因为我们发现，越是聆听他们的心声，他们的学业表现就越好。"

在一个有着阶层制度的组织机构中工作，我们往往会把上司的话视为命令与评判。比起那些让我们视为"上司"的人，同理自己的同事或下级要容易得多。在"上司"面前，我们时常急着为自己辩护或向对方道歉，以致无法安静下来同理他们。因此，听到这些老师不但能同理学生，也能同理系主任，我感到特别欣慰。

同理心与袒露内心脆弱的能力

非暴力沟通鼓励我们连结内心最深处的感受和需要，有时表达它们并不容易。然而，同理心让我们能触碰彼此共通的人性，我们的自我表达也会变得容易些。我们越是能够与他人的感受和需要相连，就越不害怕袒露自己。很多时候，我们之所以不愿意展现内心的脆弱，往往是因为我们想要显得"强悍"，害怕失去权威感和掌控感。

有一次，我在和克里夫兰市的一群街头帮派成员谈话时，向他们袒露了内心的脆弱。我告诉他们我感到难过，希望得到更多的尊重。接着，其中一个人说："嘿，你们看！他说他感到难过，这可太糟糕了！"其他成员随即哄堂大笑。听到这样的话，我可以认为他们在利用我的脆弱（第二个选择：指责他人），也可以同理他们的行为（第四个选择：感知他人的感受和需要）。

如果认为他们在羞辱或利用我，我很可能会感到受伤、气愤或害怕，也因此无法同理他们。这时，我也许就需要先离开现场，以便给自己一些同理或请求信赖的人来支持我。当我发现情绪背后的需要，并获得了足够的同理后，便准备好了再回去同理他人。因而，在痛苦的情境中，我们要先让自己得到足够的同理，才能不被自己的各种想法所束缚，并且找到内在更深层的需要。

当我用心体会那位年轻人的话以及后来的笑声时，我意识到他们有些不高兴，因为他们可能会认为我在利用内疚感给他们下圈套或操纵他们。我猜他们之所以有这样的反应，或许是因为过去有人用"这让我难过"之类的表达来暗示对他们的不满。尽管我并未向他们求证，无从知道这种猜测是否准确，然而，当我将注意力放在这里时，我就不会再认为他们在针对我，也不会生气了，而是能做到用心地听取他们的感受和需要。

"喂！"有个人突然大声说道："你说的都是一些废话！如果在你面前是另一伙人，他们有枪而你没有，你还认为站在这里和他们说话就可以了吗？真是胡扯！"

所有人闻言又笑了起来，而我也再次关注他们的感受和需要："所以听起来，你们受够了，不想学一些你们认为在这里派不上用场的事情，对吗？"

"是的。如果你住在这个街区，就会知道这些都是胡扯！"

"所以你需要确定，来教你们的人对你们的街区有所了解？"

"那当然！在我们这儿，有些人二话不说就会拿枪把你毙了！"

"所以，你很希望来教你们的人能了解这里的危险？"我继续以这样的方式同理他们，有时用语言表达我所听到的，有时只是静默地体会。就这样持续了45分钟后，我感到气氛发生了明显的变化，他们开始认为我真的能够理解他们。参与这项计划的一名辅导员也注意到了转变，便大声问道："你们觉得这个男人怎么样？"结果之前一直挑战我的那位男士回应道："他是我们遇到过的最好的讲师！"

辅导员听了以后非常惊讶，他凑近我的耳朵小声说道："可是你什么也没说啊！"实际上，我说了很多。我向他们示范的是，无论他们对我说什么，我都可以翻译成人类共通的语言——感受和需要。

以同理心化解危险

在紧张的情态下，如果能够同理他人，或许可以避免潜在的暴力。

一位在圣路易斯中心任教的老师和我分享了她的一段亲身经历。由于学校位于市中心的贫民区，出于安全的考虑，校方告诫老师们必须在放学后立即离校。然而有一天，为了给一位学生补课，这位老师主动在放学后留了下来。不久，一位陌生的年轻男子闯进了她的教室。

年轻男子：把你的衣服脱掉。

老　　师：（注意到这位男子正浑身颤抖着）我感受到你非常害怕。

年轻男子：妈的，你没听见我的话吗？快脱了你的衣服！

老　　师：我感受到你现在非常生气，你想让我按照你的话去做。

年轻男子：没错！你如果不想受伤，就马上照着我的话做。

老　　师：我想请你告诉我，除了伤害我，是否还有其他的方式来满足你的需要。

年轻男子：我说了，把衣服脱了。

老　　　师：我听得出来你很想要我这样做。同时，我希望你知道我有多么害怕、多么难受，如果你愿意离开这里而不伤害我，我会非常感激你。
年轻男子：把你的钱包给我。

这位教师立刻把钱包递给年轻男子。因为躲过了强暴，她大大地松了口气。后来，她回忆道，当她每次同理这个男人时，都能感受到对方不再那么坚定地想用强暴的方式来达到他的目的。

还有一次，一位纽约市的警官在非暴力沟通工作坊开始前和我分享了他的经历：

我真的很开心，在上一次的工作坊中，你让我们练习了如何同理愤怒中的人们。过了几天后，我被派去逮捕一个住在公共房屋项目中的人。当我将他带出来时，有60来人围着我的车并向我喊叫："放开他！他什么都没做！你们这些警察都是种族主义分子，是一群猪！"虽然怀疑同理心能否在那时发挥作用，但我没有别的选择。于是，我试着把他们话中所隐含的感受说出来："你们不相信逮捕这位先生是合理的？你们认为这与种族有关？"这样持续了几分钟后，这群人不再像刚开始那样针锋相对了。最后，他们让开了一条路，让我上了车。

我想再举一个例子来说明怎样借助同理心来避免暴力。这是一个年轻的女学员在第二次参加非暴力沟通工作坊时讲述的亲身经历。这位女学员在多伦多一个戒毒中心上班。她参加完第一次非暴力沟通工作坊几周后，一天正轮到她值夜班。晚上11点左右，一个看起来服用了毒品的男人从街上走进中心，要求给他一个房间。女学员向他解释说，当晚已经没有空房了。正当她将另一个戒毒中心的地址递给他时,男子将她推倒在地。"当我回过神来,他已经坐在我的胸膛上,拿着一把刀抵着我的喉咙,大声说:'你这个婊子,别骗我!你们肯定腾得出一间房!'"

接着,这位女学员开始运用她所学到的非暴力沟通方法,同理起男子的感受和需要。

"在那样的情况下,你竟然记得运用非暴力沟通?"我十分钦佩地问她。

"要不然我还能怎么办呢?绝望有时会激发出潜在的沟通能力!你知道吗,马歇尔,"她补充说,"上回,你在工作坊里讲的一个笑话真的帮助了我。事实上,那个笑话救了我的命。"

"什么笑话?"

"你记得你说过,在一个愤怒的人面前,绝不要说'可是''但是'吗?当时我差点要和这个男人理论,我想告诉他'可是,我们真的一间房都没有了',但在那时,我突然想起了你说的那个笑话。之所以会记得那么清楚,是因为在一周前,我在和妈妈吵架时,她对我说:'每次我说了什么,你都用"但是"来回答我,我真想杀了你!'你想,如果连我自己的妈妈都会因为这个词气得想要杀我,更何况这个男人呢?如果我在他愤怒时对他说:'可是,我们真的没有房间了!'我想我早就没命了。

"于是,我深吸了一口气,对他说:'听起来你真的很生气,你想有一个房间可以休息。'他大声回应:'也许我是一个瘾君子,但在上帝面前,我也配得到尊重!我受够了没有人尊重我,连我的父母也看不起我,我需要得到尊重!!'我全然地关注着他的感受和需要,并对他说：'你是不是已经受够了得不到你想要的尊重？'"

"你们的对话持续了多长时间？"我问女学员。

"大概有 35 分钟。"她答道。

"这个过程一定很吓人吧。"

"不，我们说了几句话后，我就不害怕了。因为当我专心聆听他的感受和需要时，我就不再把他当成恶魔了。就像你说的，那些被我们看作恶魔的人，也是人。只不过有时他们的言语和行为，阻碍了我们看见他们的人性。我越是关注他的感受和需要，就越能够看见他只是一个因为需要没有得到满足而感到绝望的人。我开始相信，只要继续这么做，他就不会伤害我。当获得了同理后，他放开了我，收起了刀。接着，我帮他在另一个中心找到了一个房间。"

听到她在如此险境中仍能记得以同理心做出回应，我十分欣喜，并且好奇地问她："那你怎么还回来上课呢？看起来，你已经熟练掌握了非暴力沟通，应该到外面去把你所学到的东西教给别人呀。"

"我遇到了更大的困难，需要你的帮助。"她说。

"还有什么事会比你刚才描述的情况更棘手呢？"

"关于我和我妈妈的沟通。虽然我已经领悟到要谨慎使用'但是'这类词语，可你知道吗，在事发之后的晚餐上，我告诉了她事情的经过，她对我说：'如果你继续做这份工作，我和你爸迟早会因此心脏病发作。你得立即换一份工作！'你猜我怎么回答她？'但是，妈妈，这是我的生活啊！'"

带着同理心回应我们的家人多难啊，对此，我实在找不出更贴切的例子来说明了。

当对方说"不"

当别人对我们的请求说"不要""我不想……"时,我们常常会将这类话解读为对我们的拒绝,或是认为自己有什么问题,因此无法了解对方实际上是怎么想的而感到受伤。如果能够体会对方在说"不"背后的感受和需要,我们就能明白是什么使他们无法答应我们的请求。

有一次,在工作坊休息期间,我邀请大家一起去附近吃冰激凌。有位女学员猛然回应道:"我不去!"因为这番语气,我立刻将她的回答解读为对我的拒绝。后来我提醒自己去体会她想要通过"不"表达什么样的感受和需要,于是我问她:"你好像有些生气,是吗?"

"不,我没生气。"她说,"我只是不想每次一张嘴说话都被你纠正。"

此时,我意识到她并没有生气,而是有些不安。为了核实我的猜测,我询问她:"你担心,我在场的话,有可能会评论你的沟通方式,是吗?"

"没错!我可以想象,和你一起坐在冰激凌店里,而你会关注我说的每句话……"

这时我发现,对于我在课堂上给予学员反馈的方式,她感到不自在,不想在公共场合出现那样的情境。因为体会到了她的感受和需要,我也拔除了听见"不"时扎进我心中的那根刺。于是,我向她保证,在公共场合不会评论她的沟通方式。同时,我们还讨论了什么样的反馈能够让她感到安心。最后,她和我们一起享用了冰激凌。

> 当我们无法与讲述者的感受、需要、请求建立连结时，对话便会失去生机。

使乏味的对话变有趣

我们都经历过乏味的谈话，也许是在某个社交场合中：我们无法从说话的内容中感受到和讲述者的连结，还有些人一旦开始讲话便喋喋不休，让听的人害怕对话会没完没了。当我们无法与讲述者的感受、需要、请求建立连结时，对话便会失去生机。当讲述者不清楚自己的感受、需要和请求时，说出来的话就会乏味。这时，我们非但无法与对方建立连结，反而成了承接对方讲话的垃圾桶。

那么，我们要怎么做以及在何时打破死气沉沉的对话呢？我建议，当我们连一个字都听不下去时，就是打断的最好时机。我们等得越久，就越难在这样做时保持礼貌。而打断的目的并非在于让自己发言，而是帮助讲述者与表达背后的生命能量建立连结。

做法便是去体会对方心中可能会有的感受和需要。例如，如果你的阿姨再度讲起20年前她的丈夫如何抛弃了她和两个孩子，你可以试着打断她，对她说："阿姨，听起来，你现在依然感到愤愤不平，希望当年得到公平的对待。"人们往往没有意识到他们要的其实是别人的同理。他们也不知道，与讲述过去所遭遇到的不公和困难相比，直接表达自己的感受和需要，更有可能得到来自他人的同理。

使谈话变得生动有趣的另一种方法是，直接告诉对方我们想和他们建立更多连结，并请求对方的支持。有一次，在一个酒会上，听着周围人说的话，我感觉颇为无趣。于是，我打断了他们的谈话，对着其他9个人说："打扰了，我有点不耐烦，因为我想与你们加深联系，但我们的对话无法带给我想要的连结。我想知道，刚才我们的谈话能否满足你们的需要？如果能，你们的哪些需要得到了满足呢？"

刹时，那 9 个人都看向了我，仿佛我向鸡尾酒桶里扔了一只老鼠。幸好，当时我还记得去体会他们透过沉默所传递的感受和需要。于是，我同理他们说："对于我的打断，你们是否有些不高兴，因为你们想继续聊下去？"

又是一番沉默后，有个人回答道："不，我没有不高兴。我刚才是在思考你的问题。其实，我并不喜欢刚才的谈话，觉得无聊透了。"

听他这么说，我吃了一惊，因为他可是刚才话讲得最多的那个人！不过如今，我已不会为此感到惊讶，因为我发现：如果听的人觉得很无聊，说的人也一样感到无趣。

你可能想知道，如何鼓起勇气打断别人说了一半的话。有一次我做了一项非正式调查。我的问题是："如果你说的话别人不想听，你是希望对方假装听下去，还是希望对方直接打断你的话呢？"我问了许多人，结果只有一个人不希望被打断。因此，我更坚信，与其假装听别人说话，打断他们才是更体贴的做法。因为，所有人都希望自己的话对人有益，而非成为他人的负担。

当他人保持沉默

对许多人来说，在面对他人的沉默时做到同理是极为困难的。尤其当我们已经表达了内心深处的脆弱，很想知道他人的回应，对方却沉默不语时，我们会感到格外不安，容易把事情往坏处想，因而很难去体会对方透过沉默表达的感受和需要。

有一次，在为一家公司的员工上课时，我谈起一件对我深有触动的事，说着说着，我流泪了。当我抬起头时，看到公司的董事长转开了脸，默不作声。面对沉默，我有些不知所措，甚至将他的动作理解为对我的嫌弃。好在，我记得让自己将注意力关注在他的内心世界。于是，我问他："看到我流泪，你似乎有些厌恶，是不是你希望请来的顾问能控制好自己的情绪？"

　　如果他当时回答"是"，那意味着我们对表达情感有不同的理解，我也不会因此认为自己的情感表达方式有什么不对。然而，他却回答我说："不，不是这样。我只是在想我的太太多么希望我会流泪啊。"接着他告诉我，他的太太正要和他离婚。很长时间以来，她一直抱怨与他生活就像和一块石头在一起。

　　记得我还在担任心理医生时，有一对父母联系了我。他们有一个20岁的女儿，正在接受精神疾病治疗，经历了长达数月的服药、住院、休克疗法。3个月前，她停止了讲话。她的父母搀扶着她来到我的办公室，因为她已经无法靠自己行走了。

　　到了我的办公室后，她蜷缩在椅子上，全身不停地发抖，眼睛呆呆地看着地板。我尝试着同理她通过肢体语言表达的感受和需要，对她说："你很害怕，希望确定你在这里能够安心地说话，对吗？"

　　眼见她没有反应，我便表达了自己的感受："我很关心你。希望你能告诉我，我要怎么说或怎么做，能让你觉得安全些呢？"依然没有回应。在接下来的40分钟里，我继续揣摩着她的感受和需要，或是把我的感受和需要说出来。她一直都没有任何明显的反应，仿佛根本没有意识到我正试着和她沟通。最后，我告诉她我累了，并希望她第二天再来。

　　接下来的几天，情况和第一天没有什么不同。而我依然全然地关注她的感受和需要，有时说出我的理解，有时则默默体会。我也时不时会表达自己的感受和需要。而她依然坐在椅子上，全身不停地颤抖，不说任何话。

到了第4天，她还是没有反应。由于不知道语言是否可以传递我对她的关心，我寄希望于身体接触能更为有效。于是，我向她伸出手，想要握住她的手。我的手一碰到她，她的肌肉立刻紧绷起来，人也越发缩进椅子里。我正要松开手时，突然感到她稍微放松了些，于是我继续握着她的手。在接下来的几分钟内，我一边握着她的手，一边像前几天那样和她说话。我发现她越来越放松。但她依然什么也没有说。

第5天，她再来的时候，整个人看起来甚至更紧绷了，然而不同的是：她一边将脸转开，一边向我伸出一只握紧的拳头。一开始，我有些困惑，后来我意识到她的手中似乎有个东西要给我。我将她的拳头放在我的手中，打开她的手指，在她的手掌中有一张皱巴巴的纸条，上面写着："请帮我把心里话说出来。"

她终于向我发出了沟通的信号，我真是高兴极了！经过了1小时的鼓励，她终于慢慢地、胆怯地说出了第一句话。当我复述她的意思时，她看上去松了一口气，然后继续慢慢地、胆怯地说下去。一年后，她把她写的几篇日记抄录下来寄给我：

我出院了，不用再接受休克疗法，也不用再服用强效的药物。那时大概是四月。前3个月发生了什么，我头脑里一片空白；四月之前的3年半，我也记不得了。

他们告诉我，我出院后有段时间呆在家里，什么也不吃，一句话也不说，一直躺在床上。后来，他们把我送到了卢森堡博士那里。之后那两三个月发生的事情，我都不太记得了，只记得我在他的办公室和他说话。

第一次与他会面后,我就开始"醒"了过来。之后我开始告诉他我的烦恼,一些我从来没有想过会告诉别人的事。我记得这对我来说是多么重要。那时,说话对我来说是困难的。但卢森堡博士关心我,我也感受到他的关心,所以我愿意说给他听。当我把心事说出来后,总是觉得很快乐。我记得每次见完他之后,就开始计算离下次见面还有多少天,甚至多少个小时。

我认识到,面对现实并没有那么糟糕。我还越来越意识到,我需要直面一些事情、放下一些事情,并且由我自己来承担一些事情。

这令人害怕,也很困难。有时我竭尽全力,却仍然惨遭失败,我会感到气馁。但我发现,现实也有美好之处,因为事情总有好的一面。

过去一年来,我发现,和别人谈心,得到他人的聆听,有时甚至是他人的理解,是多么美好!

同理心的疗愈力量总是让我感到惊喜。一次又一次,我见证了,同理心是如何帮助人们从伤痛和打击中走出来。作为一个倾听者,我们并不需要懂得心理学理论或接受精神疗法的训练。关键是,我们能够与他人那一刻的独特感受和需要同在。

小结

同理他人使得我们敢于呈现自己的脆弱,平息潜在的暴力,让乏味的对话变得有趣,并了解"不"和沉默所传达的感受和需要。一次又一次,我见证了同理倾听帮助人们疗愈心灵的伤痛。

第九章

爱自己

> 若要寻求这个世界的改变，就让自己成为改变。
> ——甘地

我们已经看到非暴力沟通如何改善与朋友、亲人、同事乃至政治对手之间的关系。然而，它最关键的应用或许在于改变我们对待自己的方式。我们若用暴力的方式对待自己，就很难真正做到善待他人。

每个人都是独一无二的

在赫布·加德纳（Herb Gardner）创作的戏剧《一千个小丑》中，主人公拒绝将他12岁的外甥交给儿童福利院，他郑重地说道："我希望他明明白白地知道自己是独一无二的。不然，这份独特会在不经意间离他而去。我希望他对此保持清醒……希望他能尽情地拥抱各种奇妙的可能。我想让他知道，一旦有机会，排除万难为这个世界做点什么是值得的。我还希望他明白，生而为人，而不是一把椅子，有着多么深刻又无以言表的原因。"

> 人们被教导的方式充满着好坏对错，也因此用这样的方式指责自己，认为自己所做的事情是错的或不好的。

我非常担忧，许多人已经意识不到自己是"独一无二"的了，遗忘了生而为人背后"深刻又无以言表的原因"。当看不见自身的美好，我们就和生命的源头、那神圣的能量失去了连结。一旦我们将自己视为充满瑕疵的丑陋物件，那么以暴力的方式来对待自己还奇怪吗？

我们如何能以善意和友爱对待自己，而非以暴力相向呢？一个重要的因素是转变每时每刻的自我评价。既然希望自己所做的每件事对生命有益，那么，我们就要知道如何做出有助于生命成长的自我评价，进而做出符合生命需要的选择。然而，不幸的是，我们长期以来所习得的评价方式往往导致自我憎恨，而无助于成长。

面对自己的不完美

在一次工作坊中，我请学员回忆一件最近让他们感到后悔的事情。接着，我请他们留意，当认为自己"犯了错""失误了"之后，他们会对自己说什么。比较有代表性的说法是："笨蛋！""这种蠢事你也干得出！""你有毛病吗？""你总是把事情搞砸！""真自私！"

人们被教导的方式充满着好坏对错，也因此用这样的方式指责自己，认为自己所做的事情是错的或不好的，活该受到惩罚。可悲的是，这样的方式只会让我们陷入自我憎恨，而无法从失误中学习——而失误恰恰能让我们看见局限，并引导成长。

即使我们有时能从错误中"得到教训"并做出改变，但在我看来，那背后的驱动力也不是正向的。我希望，我们的改变是出于想为自己和他人创造更美好的生活，而并不是因为羞愧、内疚这样一些具有破坏性的驱动力。

假如自我评价的方式让我们感到羞愧，并因而改变行为，即我们的学习和成长便会被"自我憎恨"主导。羞愧是自我憎恨的一种形式，出于羞愧的行为不是自由和喜悦的行为。一旦人们意识到我们的行为是出于羞愧或内疚，而非让生活更加美好，就算我们试图更加友善和体贴，他人也很难欣赏我们的行为。

在我们的语言中，有一个词拥有强大的威力激发人们的羞愧感和罪恶感，并经常被我们用来评价自己。它充满暴力，并且根深蒂固地烙印在我们的意识中，以致于许多人无法想象如果没有它要怎么生活。这个词便是"应该"，例如，"我早应该知道的"或"我不应该那么做"。通常，当我们对自己说这个词时，我们会心生抗拒，因为"应该"暗示别无选择。人类在听到任何形式的要求时，都会不由自主地抗拒，因为要求威胁着我们作为人的自主性——我们有强烈的需要为自己做选择。不管是外在的强权还是内在的暴君对我们说"应该"，我们都会心生抵抗。

我们还会用一些别的说法来要求自己，例如："我表现得太糟糕了，必须改改了！"想一下，你是否常常会听到人们对自己说："我真的应该戒烟了。"或"我真的应该要多健身了。"虽然不断地对自己说"必须"做这做那，却又始终抗拒着行动。那是因为，人天生就不想成为奴隶，不愿意服从于"应该"和"不得不"的支配——不论来自外部世界还是我们自身。即使对要求屈服或让步，但我们的行动却无法为生命带来喜悦。

转化自我评判和自我要求

如果我们经常以评判、指责、命令的方式与自己沟通，我们看待自己便仿佛更像一个物件而不是一个人。非暴力沟通认为，每当我们认为他人是错的或是不好的，我们真正的心声是——他人的行为与我们的需要有冲突；如果我们指责的人恰好是自己，我们真正的心声是——我的所作所为没有满足我的需要。因而我坚信，如果我们以需要是否得到满足来评价自己，就更有可能从自我评价的过程中获益。

因此，当我们意识到正在做的事情无法滋养生命时，我们的挑战是，在当下要如何来评价自己——是否对自己怀有尊重与慈悲，而不是心怀怨恨或愧疚。

非暴力沟通的哀悼

大多数人在经过长期的学校教育和社会教化后，已经很难时时刻刻从"自己需要什么"的角度来思考了。然而，就像我们已经学习了用需要来转化他人的评判那样，我们也可以培养对自我评判的觉察，并随即将注意力放在这些评判背后隐藏的需要上。

例如，如果意识到自己正为了某件事情谴责自己："你看你，又把事情搞砸了！"这时可以停下来问自己："我这样指责自己，是因为什么需要没有得到满足？"当我们和自己的需要（可能是多个层面的需要）连结时，我们会在自己的身体上体会到明显的变化。这时，我们因自我批评而产生的羞愧、内疚或压抑，便会被其他的感受取代。不论是难过、挫败、失望、恐惧、悲伤或别的，这些都是我们与生俱来的感受，其目的是推动我们去满足和追寻自己的价值观和需要；而内疚、羞愧和压抑则会切断我们与自己的连结。这两类感受对我们的身心影响可谓大不

> 哀悼，让我们不再以指责或怨恨自己的方式陷入后悔，而是帮助我们从中学习。

相同。

在非暴力沟通中，所谓"哀悼"（mourning）是充分连结未被满足的需要以及因为自认为做得不够完美而引发的感受。哀悼，让我们不再以指责或怨恨自己的方式陷入后悔，而是帮助我们从中学习。我们会看见自己的行为如何与我们的需要和价值观产生冲突，并且接纳在这个过程中浮现的感受。当我们将注意力放在需要上，自然就能激发出充满创造力的可能性来满足需要。相反，如果以道德评判来谴责自己，我们不仅难以看到这些可能性，而且容易陷入自我惩罚的状态。

自我宽恕

哀悼过后，我们可以尝试"自我宽恕"这一过程。想一想自己为何要采取那个行动，问自己："我当时那样做，是要满足什么需要呢？"我相信，人的行为都是为了满足需要所做的尝试，不论它是否能够实现目的，也不论我们事后感到庆幸还是遗憾。

以同理心倾听自己，我们就能听见行为背后那内心深处的需要。一旦和自己建立了充满同理心的连结，我们就能宽恕自己。我们发现，尽管过去的选择并不理想，需要为之哀悼，但那也是想让自己的生命更加美好。

要善意地对待自己，关键在于带着同理心拥抱两个"自己"：对过去的行为感到懊恼的自己以及当初做了那件事的自己。通过"哀悼"和"自我宽恕"，我们不再谴责自己，进而从中有所收获和成长，并因而获得自由。如果能时时和自己的需要相连，我们就能采取更富有创造力的行动来满足需要。

圆点外衣带给我的教训

  我想通过一个我的亲身经历来说明非暴力沟通的"哀悼"和"自我宽恕"。有一回，我穿着一套新买的淡灰色夏季外衣去主持一个很重要的工作坊。当天的学员很多，课程结束时，许多人围着我索取签名、询问地址和其他资料。为了能赶上下一场会晤，我便加快速度回应参与者的请求，仓促地在我面前的纸上签名、留言。当我飞快地走出门时，我将钢笔插在了新衣口袋中，居然忘了盖上笔套！走到外面后，我赫然发现那件好看的淡灰色上衣已经变成了一件圆点花纹衫了！

  在足足 20 分钟内，我不停地斥责自己："你怎么可以这么粗心大意？看看你干了什么蠢事！"我刚毁了一件崭新的外衣，这可能是我最需要得到体谅的时刻，但我却不断地谴责自己，让自己愈发难受。

  幸好，20 分钟后，我开始意识到自己正在做什么。于是，我停下来去体会，在这件事上，我有哪些需要没有得到满足。我问自己："我指责自己'粗心大意'和'愚蠢'，是出于什么样的需要呢？"这时，我立刻意识到我的需要是：好好地照顾自己——在匆忙回应他人需要的同时，也能更多地关注自己的需要。当我听见内心深处的渴望（更多地觉察自己和关心自己的需要），我的感受也立刻发生了转变。随着愤怒、羞愧和内疚感逐渐消散，我的身体也不再那么紧绷了。我充分地哀悼着那件毁掉的外衣和没有盖上笔套的行为，并且当我看到自己渴望更好地照顾自己时，我全然地允许和体会着从中升起的难过之情。

  接着，我开始思索，我将那支没套上笔盖的钢笔插在新衣口袋中是为了满足什么需要。我发现，关心和体贴别人的需要，对我是多么重

> 觉察自己每个行为举动背后的能量。

要。我意识到，尽管我没有花时间好好照顾自己，但匆忙之中心不在焉地把笔塞进口袋，也是为了满足服务他人的需要。想到这里，我便不再责备自己，反而升起了对自己的疼爱之情。

带着对自己的善意，我拥抱自己的两方面需要：一方面，服务他人；另一方面，照顾好自己。我也因而能想象自己在类似的情境中做出不一样的选择，并且更有可能找到解决方法，而没有在一味自责中失去觉察。

不做任何没有乐趣的事！

非暴力沟通的"哀悼"和"自我宽恕"是爱自己的重要方面。此外，还有一点也很重要，那就是：觉察自己每个行为举动背后的能量。当我建议人们"不做任何没有乐趣的事"，有的人认为我太极端，甚至有些疯狂。然而，我深信，出于对生命纯粹的爱，而不是出于恐惧、内疚、羞愧、义务或者职责来做出选择，是我们爱自己的重要体现。当我们清楚地知道自己的行动是为了滋养生命，当我们做事的动机纯粹只是为了让自己和他人的生命变得更加美好，即使工作辛苦，我们也会乐在其中。反之，如果我们的行动是出于义务、职责、恐惧、内疚或羞愧，那么，即使有意思的事情也会失去它的乐趣，最终让人心生抗拒。

在第二章，我们探讨了人们如何在语言表达中暗示自己缺乏选择，并重新学会用语言认清我们是有选择的。许多年以前，有个练习给我带来了极大的喜悦和幸福感，并减少了我的压抑、内疚和羞愧感。这个练习让我时刻清晰地觉知每个行动背后滋养生命的需要。我将在下文中介绍这个练习，希望它能帮助我们善待自己，出于喜悦和乐趣来生活。

"不得不"转化为"我选择"

第一步：

在你的生活中，哪些事情让你觉得无趣，却又不得不去做？你不想做它们，但还是去做了，因为你认为自己没有选择。请将这些事情列在一张纸上。

当我第一次审视我的清单时，发现上面的事情可真不少，我恍然大悟自己为何常常无法享受生活。有许多事情，我之所以日复一日地去做，是因为我糊弄自己去相信那是不得不做的。

清单上的第一项是：写临床报告。我痛恨撰写这些报告，但却每天至少要花一个小时在上面，这让我苦不堪言。清单的第二项是：开车送孩子们上学。

第二步：

写完清单后，清楚地告诉自己：你之所以做这些事情，是因为你选择了它们，而非你不得不做。在你所列出的每一件事情前加上"我选择做……"。

我记得当时我对这一步有些抗拒。我一直信誓旦旦地认为："写临床报告不是我选择要做的事情，而是我不得不做的事。我是一名临床心理医生，当然必须要写这些报告。"

第三步：

一旦你认同了之所以做某件事是出于自己的选择，请试着体会选择背后的意图是什么，然后以"我选择做……因为我想要……"来表述。

起初，我怎么也想不清楚到底为什么要写临床报告。几个月前，我已经认定这些报告对我的咨询病人来说用处不大，不值得花那么多时间。既然如此，为什么我还投入那么多精力在这上面呢？最终我发现，我选择写这些报告，仅仅是因为想要获得这份工作带来的收入。意识到这点，我再也没有写过任何临床报告了。想到这35年来，自己少写了无数的报告，我就开心得不得了！当意识到金钱是我的首要驱动力时，我立刻就想到可以用别的方式来获得收入。事实上，我宁愿在垃圾桶里觅食，也不愿再多写一份临床报告！

我列出的第二项不情愿做的事：开车送孩子们上学。当我仔细思索为什么要这么做时，我发现，对于孩子们从学校收获的好处，我心怀感恩。虽然他们可以步行到附近的学校上学，但现在的这所学校更符合我的教育理念。于是，我还是继续开车送孩子们上学，不过心态已经不一样了。我不再对自己说："讨厌，今天我又必须做车夫了。"因为我已经清楚地知道，这是为了让孩子们受到良好的教育，因为我很重视教育的品质。当然，有时候我需要在开车时提醒自己好多次，重新关注这样做的目的。

培养觉察力，理解行为背后的动机

当你在思考"我选择做……是因为我想要……"这样的陈述时，也许会发现自己是基于一些重要的理念才会做出那样的决定，就像我问自己为何要开车送孩子们上学。我相信，一旦意识到行为所服务的需要，即使工作很艰苦、富有挑战，甚至举步维艰，我们仍然能乐在其中。

不过，你也许会在清单上发现，有的行为是出于以下动机。

1. 为了钱

金钱是我们社会中最主要的一种外在奖励形式。只是为了获得金钱奖励而做的选择代价高昂，我们会因而失去生活的乐趣。而当我们清楚地知道自己的行为是为了满足人的需要时，喜悦就会伴随着我们。"金钱"并不是非暴力沟通所指的"需要"，而是可以用来满足某个需要的无数策略之一。

2. 为了得到他人的认可

他人的认可和金钱一样，也是一种外在奖励形式。受社会文化的影响，我们如饥似渴般追求奖励。学校会以外在手段来激励我们学习；在家里，如果我们当一个乖小孩，就会得到奖励，如果不乖，就会受到惩罚。于是，长大以后，我们很容易误以为做事的目的就是为了获得奖赏。我们渴望得到他人对我们的微笑、拍拍我们的背，夸我们是"好人、好父母、好公民、好员工、好朋友"等等，好像上了瘾一般。我们会去做讨他人喜欢的事，而避开做那些让他人不喜欢或可能会使自己受到惩罚的事情。

我们如此努力地讨喜，并认为必须用牺牲自己的方式来做贡献才能博得他人欢心，真让人感到悲哀啊。事实上，如果我们的行动只是为了让生命更加美好，人们自然会来欣赏我们。不过，他人的赏识也只是一项反馈机制，让我们知道自己的努力达到了预期的效果。当我们认识到靠自身的力量让生命更加美好，由此而产生的喜悦是他人的肯定永远无法比拟的。

3. 为了免受惩罚

有些人之所以缴纳个人所得税，主要是为了免受惩罚。这使他们对每年度例行的纳税心怀抵触情绪。但我却记得小时候父亲和祖父对于纳税则有着全然不同的态度。他们从俄罗斯移民到美国，经历了沙皇的统治后，真心渴望能支持一个在他们心中有能力保护人民的政府。想到许多人会因为他们的税金获得福利，他们会满怀真挚的喜悦将支票寄给政府。

4. 为了避免羞愧

有时，我们会选择做某些事情，只是为了免于让自己感到羞愧。我们知道如果不这样做，我们会严厉地抨击自己。然而，如果我们仅仅因为不想让自己感到羞愧而做某件事，通常会以厌恶此事而告终。

5. 为了免于内疚

还有些时候，我们也许会认为"如果我不做这件事，别人会对我失望"，这时我们往往会产生内疚感。同样做一件事情，不同的目的会给我们带来截然不同的感受。如果仅仅是为了避免内疚，整个人会感到苦不堪言；然而，如果是为了对他人的幸福做出贡献，整件事情也会充满乐趣。

6. 为了履行职责

当我们以"应该""不得不""应当""必须""不能""理应"这些暗示着别无他选的语言来描述我们所采取的行动时，则意味着驱动我们的是某种无可奈何的职责或义务感，而没有与我们的需要连结。在我看来，若我们的行动与生命的需要切断了连结，这对社会来说极其危险，对个人来说也是极为不幸的。

在第二章，我们看到了在"军官语言"思维的影响下，阿道夫·艾希曼和他的部下使数以万计的人丧命，却毫不为之所动，也不认为个人对此负有责任。当我们的语言否认了个人选择，我们就与自己失去了连结而沦为机器，我们的内在便丧失了生命的价值。

在仔细审视清单上所列出的各项事情后，你也许会决定从此不再继续做某些事，就像我决定不再写临床报告那样。即使这听起来有些激进，然而只做有乐趣的事情还是有可能的。我相信，我们能时时刻刻地感受到滋养生命所带来的乐趣，并选择只为滋养生命而行动，我们就是在真正地爱自己、善待自己。

小结

非暴力沟通最关键的应用或许就是让我们学会善待自己。当犯了错误，我们可以运用非暴力沟通的"哀悼"与"自我宽恕"来看清个人可以成长的方向，而不会陷入对自己的道德评判。评价自己的行为时，若着眼于"有哪些未被满足的需要"，我们的改变就能不受羞愧、内疚、愤怒或压抑所驱动，而是由衷地想要对自己和他人的幸福做出贡献。

同时，在日常生活中，有觉知地根据需要和价值观来选择行动，而不是为了履行职责、获得外在的奖励，或是逃避内疚、羞愧和惩罚，我们便是在培养对自己的爱。当我们重新检视那些无法带着乐趣来做的事情，并将"我不得不做"的想法化为"我选择这么做"，我们将会在生活中发现更多的乐趣，并且成为一个更完整的人。

第十章

充分表达愤怒

探索"愤怒"是我们深入学习非暴力沟通的独特机会。这个过程聚焦了非暴力沟通的许多方面，让我们清楚地了解非暴力沟通与其他沟通形式的关键区别。

　　在我看来，通过打骂、指责或伤害他人的方式（无论是在身体或情感上）来宣泄愤怒，只是肤浅地表达心声。如果真的很生气，我们需要找到更强有力的方式充分表达自己。

　　我与许多遭到过压迫与歧视的团体一起工作，听到这样的观点，他们都会松口气。这些团体都希望提升能力、更有效地推动改变，但却时常遭遇人们的劝说——要他们克制愤怒、保持冷静并接受现状。因而，在初次听到"非暴力沟通"时，他们会感到不安，担心自己的愤怒被视为负面情绪，需要被洗涤和净化。幸运的是，非暴力沟通并不鼓励我们忽视、否定或压抑愤怒，而是通过了解让我们愤怒的核心本质来充分且诚挚地表达自己。

区分刺激与原因

　　要充分表达愤怒，第一步是不再将愤怒的责任归咎于他人。带着类似"我很生气,是因为他人做了什么"的想法,我们便会指责或惩罚他人,而无法深入地表达让我们愤怒的核心。在前文中,我们已经探讨了,别人的言行会引发我们的感受,却并非产生感受的根本原因。实际上,我们之所以生气,绝非因为他人的言行,而是他人的行为刺激了我们的情绪反应。

我想举个例子来说明"刺激"与"原因"之间的区别。在瑞典的一座监狱,我曾经向那里的囚犯讲解如何不以杀人、打人或强奸的方式来表达愤怒。在一次练习中,我让学员寻找是什么刺激了他们的愤怒。一名囚犯写道:"3周前,我向监狱长官提出了一个请求,他们到现在还没有给我回复。"他清楚地写下了他所观察到的刺激——他人做了什么。

接着,我请他说明愤怒的原因:"当事情发生时,因为什么原因你会生气呢?"

"我刚才已经和你说了,"他提高了嗓门说道,"我生气是因为他们没有回应我的请求!"由于将"刺激"等同于"原因",他误以为让自己生气的是监狱长官的作为。我们很容易有这样的习惯思维,因为我们的文化常以内疚感作为控制人的手段。对这样的文化来说,重要的是驱使人们相信,一个人能操纵他人的感受。将刺激与原因混为一谈,成功地让内疚成为操控和强迫的一种手段。

正如前文提到的,当孩子听到"你成绩不好让爸爸妈妈伤透了心",他们就会认为是自己的行为造成了父母的痛苦。许多伴侣也会相互制造内疚感,例如说:"我生日你不在,让我好失望。"

语言助长着这种使人内疚的手段。我们会说"你让我生气""你这样做伤害了我""你那样做让我很难过"。这些方式都让我们误认为是他人的言行导致了我们的感受。而要学习如何充分表达愤怒,第一步就是

> 每当我们在生气时将错误归咎于他人，我们就在选择扮演上帝的角色，去评断或指责他人犯了过错或要受到惩罚。

要认清：不论他人做了什么，都绝非自身感受的原因。

那么，到底是什么让我们生气呢？我们在第五章中曾经讨论过，当面对不喜欢的言语或行为时，我们有四种回应选择：1. 指责自己；2. 指责他人；3. 同理自己；4. 同理他人。当我们选择第2种方式时，愤怒便产生了。每当我们在生气时将错误归咎于他人，我们就在选择扮演上帝的角色，去评断或指责他人犯了过错或要受到惩罚。我认为，这才是我们生气的原因，只是我们起初对此是无意识的。

当选择第3种反应时，我们觉察自己的感受与需要。这并非用脑袋去分析别人的是非对错，而是与我们的内在生命连结。我们越是能聚焦于每个当下的需要，就越是能触及和体会这股生命能量。

例如，我们约了个人，时间到了，对方却没来。若我们的需要是确认对方是否在意自己，可能就会感到伤心。如果我们看重有意义和有效地使用时间，也许就会感到恼火。但如果此刻我们正好希望有一些安静独处的时间，可能反而会庆幸对方来晚了。可见，产生感受的原因在于我们自身的需要，而非他人的言行。一旦意识到自己的需要——不论是确定、意义或独处，我们就能触碰到自己的生命能量。此时，我们可能会有强烈的感受，但绝不会生气。而导致我们愤怒的是那些指责的想法，它们切断了我们和需要的连结。愤怒提醒我们正在用头脑分析和评断他人，而没有关注自己有哪些需要没有得到满足。

除了关注自己的感受和需要，我们还可以选择在任何时刻去觉察和体会对方的感受和需要，也就是第4种选择。这时，我们也不会感到生气。这并非在压抑愤怒，而是当我们全然地与他人的感受和需要同在时，心中自然不会生出怒气。

> 所有的怒气背后，都有一个没有被满足的需要。

愤怒的核心：服务生命

"但是，"有人问我，"在有些情况下，愤怒不是理所当然的吗？例如，看到有人随意破坏环境，'义愤填膺'不正是有良知的表现吗？"我的回答是：我坚信，不论在什么情况下，只要我有意识地将有的行为看作"不负责的"或"有良知的"，将有的人看作"贪婪的"或"道德的"，便是在助长这个地球上的暴力。如果我们想让生命更美好，与其去论断那些杀害、强暴他人或污染环境者们是什么样的人，不如将注意力放在我们的需要上。

在我看来，愤怒是疏离生命、引发暴力的思维方式造成的。所有的怒气背后，都有一个没有被满足的需要。如果我们能善用愤怒，视之为唤醒自己的报警器，意识到自己有一个需要没有得到满足，而导致我们生气的思维方式并无法使我们的需要得到满足，那愤怒就是有价值的。为了充分表达愤怒，我们要明了自己的需要，并且花费力气来满足需要。愤怒往往驱使着我们把能量用于惩罚他人，而非满足需要。因此，我建议，与其沉浸在"义愤填膺"中，不如带着同理心与自己和他人的需要连结。这也许需要一些时间，但通过反复的练习，我们的思维将会有意识地以"我生气，因为我需要……"来取代"我生气，是因为他们……"。

我在威斯康辛州一所儿童矫正学校辅导孩童时，收获了一个宝贵的教训。接连两天，我的鼻子都被学生打到。第一天，为阻止两个学生打架，我的鼻子被其中一个孩子的肘部击中。我生气极了，竭尽全力让自己不还击。在我长大的底特律街头，要挑起我的愤怒，可用不着这一肘！第二天，类似的事情又发生了，我的鼻子因为再次被击中痛得更厉害。然而，我却丝毫没有生气！

当我回想起那两天的经历，我发现，我一开始就把第一个孩子看作是"被宠坏的小鬼"。他的手肘还没碰到我的鼻子之前，这个标签就已经烙在了我的脑海中。因此，当一切发生时，对我来说便不仅仅是被他的手肘打到了鼻子，而是想着："这讨厌的小鬼太猖狂了！"相较之下，我对第二个孩子的看法则不同，我认为他是个"可怜的孩子"，更关心这个孩子。因此，尽管我的鼻子被他打伤，感觉远比前一天更痛，流了更多血，我却丝毫没有怒气。这段经历对我而言真是一个宝贵的教训，它让我认清，让我愤怒的并非他人的行为，而是我在头脑中对他人及其行为的看法和解读。

"刺激"与"原因"：实践的启示

无论从实践、技巧还是理论角度，感受的"刺激"和"根源"都不相同。我将继续以和那位瑞典囚犯约翰的对话为例，来加以说明。

约　翰：3个星期前，我向监狱长官提出了一个请求，但他们到现在都没有给我回复。

马歇尔：这件事情发生时，使你生气的原因是什么呢？

约　翰：我刚刚不是告诉你了吗，他们一直都没有回应我的请求！

马歇尔：等一下。在你说"我生气是因为他们……"时，请停下来想一想，觉察你对自己说了什么话，让你如此生气。

约　翰：我没和自己说什么。

马歇尔：等一下，慢下来，你要聆听的是内心的声音。

约　翰：（默默地沉思了一会儿后）我告诉自己：他们一点都不尊重人！他们是一群冷血的官僚，一点人味儿也没有，只在乎自己，对其他人都不屑一顾！他们就是一群……

马歇尔：谢谢，这足够了。现在你知道你为什么会生气了吗？是因为你的这些想法。

约　翰：但是，这样想有什么不对吗？

马歇尔：我不是说这样想有什么不对。请注意，如果我告诉你这样想是不对的，那我看待你的方式，和你看待狱方是一样的。我不是说评判他人、称他们为"冷血的官僚"或认为他们"只在乎自己"等是错的。然而，让你生气的正是这些想法。现在，请你把注意力放在自己的需要上：在这个事件中，你的需要是什么？

约　翰：（沉默了很久后）马歇尔，我希望他们能让我参加我需要的培训。否则，出狱后，我迟早还是会像现在这样回到这里。

马歇尔：现在你已经把注意力放在你的需要上了，你的心情如何？

约　翰：我很害怕。

马歇尔：现在，假定你是监狱官，而我是犯人。我走到你跟前对你说："我真的很需要那个培训。如果不能参加，我很害怕，不知道未来会发生什么。"这样说的话，是不是我的需要更有可能得到满足呢？如果我把你看作冷血的官僚，即使没有这样说出来，我的眼睛也会有所流露。你认为，哪种方式更有可能使我的愿望得到满足呢？

> 暴力之所以产生,都是因为人们误以为自己的痛苦是由他人造成的,他人应当受到惩罚。

(约翰的眼睛盯着地板,沉默不语。)

马歇尔:嘿,兄弟,你怎么啦?

约　翰:一言难尽。

　　3个小时后,约翰过来和我说:"马歇尔,我真希望,两年前就学到你今天上午所教会我的。那样,我就不会杀了我最好的朋友。"

　　暴力之所以产生,都是因为人们误以为自己的痛苦是由他人造成的,他人应当受到惩罚,就像这位年轻男子所做的。

　　一次,我看到小儿子从她姐姐的房间拿了一枚50美分硬币。我问他:"布莱特,你问过姐姐可以拿她的硬币吗?"他回答:"我不是从她那里拿的。"这时,我便面临之前提到的4种选择。关键在于,我在这个当下把注意力放在哪里。如果评断他在撒谎,我会有某种反应;如果认为他不尊重我,所以没有告诉我实话,我则会有另外一种反应。可是,指责他人往往使我们的愿望更难得到满足。但如果我选择同理他或诚实表达我的感受和需要,我的需要就更有可能得到满足。

　　于是我决定同理他。事实证明,这个决定是对的。而发挥作用的并非在于我说了什么,而是同理的做法。我试着聆听他的感受:他很害怕,他的需要是保护自己免于惩罚。通过同理他的感受和需要,让我有机会和他建立情感上的连结。这样,双方的需要都得到了满足。然而,如果我在心里认定他在撒谎,就算我没有说出来,他也很难感到足够安全来真实表达自己。我对于他不诚实的预言很可能就会成真——他真的不得不用说谎来逃避惩罚。试想,人们要是知道自己会因为说真话而受到评判和惩罚,为什么还要说真话呢?

　　如果我们满脑子的是非对错、评判和分析,认为别人不好、贪婪、不负责任、说谎、作弊、污染环境、要钱不要命或做了不对的事……他人就不太可能对我们的需要有兴趣。例如，为了保护环境，我们和一家企业的高管对话，说："你知道吗？你们真是地球的刽子手，你们无权糟蹋我们的土地。"很明显，这样的沟通很难让我们的需要得到满足。在受到指责时，很少有人还能把注意力放在对方的需要上。当然，也许这样的评判可以成功地胁迫他人满足我们的需要，他人会出于害怕、内疚或羞愧而改变行为，我们会就此以为指责他人能让自己"取得胜利"。

然而，以更长远的眼光来看，我们就会发现，若每一次都以这样的方式来满足需要，我们不仅无法胜利，还会助长地球上的暴力。为了解决眼前的问题，我们制造了新的问题。指责和评判使人倾向于自我保护并变得更有攻击性，日后也不可能关心我们的需要。因此，即便他人照着我们的意思满足了我们眼下的需要，之后我们也会为此付出代价。

表达愤怒的四个步骤

1. 停下来，深呼吸。
2. 看看我们有哪些评判性的想法。
3. 与我们的需要连结。
4. 表达我们的感受和未被满足的需要。

来看看充分表达愤怒的具体步骤。首先，停下来，除了深呼吸，什么都别做；不去指责或惩罚他人，只是保持安静。接着，看一看是什么想法让我们生气。例如，无意中听到某人说了一些话，使我们相信自己由于种族的缘故遭到了排斥。感知到自己的怒气时，如果停下来，便会看到头脑中盘旋的想法："这太不公平了！她这是种族歧视！"我们知道，所有的评判都在用可悲的方式表达未满足的需要。于是，接下来的第 3 步是：与这些想法背后的需要连结。如果指责某人是种族主义者，我们的需要也许是融合、平等、尊重或者与人连结。

为了充分表达自己，我们要采取的第 4 步是开口表达愤怒——怒火此时已被转化为感受和需要。然而，表达此时的感受也许要很大的勇气。对我来说，生气并冲着人们嚷"你这样做是种族歧视"是很容易的，甚至还会感到很畅快。然而，要说出内心深处的感受和需要，却可能令人却步。为了充分表达愤怒，我们也许可以试着和对方说："你走进房间后，开始与其他人聊天，却没有和我说话。接着，你开始议论有关白人的种种。当注意到这些时，我的胃非常不舒服，我也很害怕。这使我意识到，我非常希望受到平等的对待。我想请你告诉我，听到这些话，你的感受是怎么样的？"

先同理他人

在大多数情况下，如果希望他人听见我们的心声，与我们的内心产生连结，我们需要先同理对方。如果对方还处于某种情绪中，他们就很难平静下来体会我们的感受和需要。我们越能用心同理对方，理解对方为何做出那些不符合我们需要的行为，对方就越有可能同理我们。

过去 30 年来，我以非暴力沟通的方式与许许多多持有强烈种族偏见的人展开交流。有一天清早，我从机场搭乘一辆出租车进城。突然，车上的喇叭传来车辆调度员发给司机的消息："请到主大街的犹太教堂接费希曼先生。"接着，坐在我旁边的一位先生开始嘀咕："这些犹太佬起那么早，还不是为了要把所有人的钱都榨干。"

整整有20秒钟的时间，我气得仿佛耳朵冒烟。若是在年轻时，听到这样的话，我的第一反应可能就是揍他一顿。而当时，我选择了做几次深呼吸，并且开始同理自己心中涌现的痛苦、恐惧和愤怒。我一边觉察着自己的感受，一边提醒自己：让我生气的并不是身旁的那位乘客，也不是他说的话。尽管他的言论点燃了我内在的火山，但我知道，我的愤怒和恐惧来自一个更深的地方。于是，我靠后坐了坐，让自己在脑海中把所有的暴力想法倾泻而出。看到自己揪着他的头痛揍他的画面，我甚至还挺乐的。

在得到了我需要的同理后，我开始试着去体会他的内心。于是，我对他说的第一句话是："你是感到……？"我尝试去同理这个男人，聆听他的痛苦。为什么？因为我想要看见他的美好，也希望让他充分体会我对他那番话的感受。但我知道，如果他的内心正狂风大作，那么，这样的理解就不会发生。因而，我的意图是与他连结，带着尊重和同理心，聆听他在说那番话背后的心声。过去的经历告诉我，如果我能够同理他，最终他也能够听见我。虽然这并不容易，但相信他会做到这一点。

"你是感到恼怒吗？"我问他，"听起来，似乎你在和犹太人打交道时，有过一些不愉快的经历。"

他打量了我一番，说："是的！这些人令人作呕。为了钱，他们什么事情都做得出来。"

"所以，你在和他们有金钱往来时很难相信他们，想要保护好自己，对吗？"

"没错！"他大声说道，接着继续发表他对犹太人的看法。我则试着体会在每一个评判背后他的感受和需要。若将注意力放在他人的感受和需要上，我们就能体会彼此生而为人的共同点。听到他说感到害怕、想要保护自己，我意识到我也有保护自己的需要，也明白害怕的感受。当专注在他的感受和需要时，我们的体验是相通的。虽然我极不认同他的观点，但我已经学会了，如果不去听别人的想法，我会更乐于和他们相处。特别是在遇到有着像这个男人那样想法的人时，只要专心关注对方的心声，而非受困于他们的想法，我的生活就会变得愉快得多。

这个男人一直诉说着他的悲哀与恼怒。不经意间，话题已经从犹太人转移到了黑人身上。他的内心装满了许多苦痛。我静静地聆听着他，大概10分钟后，他停了下来——他感觉得到了理解。

然后，我开始告诉他我的心声：

马歇尔：你知道吗？最初听到你说犹太人的那些话时，我很生气，也很难过和沮丧，因为我和犹太人相处的经验和你很不一样。而我多么希望，你能有更多不同的体验。你能告诉我，你听见我说了什么吗？

男　子：喔，我并没有说他们都是……

马歇尔：抱歉，等一下，你可以告诉我，你刚才听到我在说什么吗？

男　子：你在说什么？

马歇尔：让我再说一次吧。我真的希望你能了解，当我听到你之前讲的那些话，心里有多么难受。你听到我的痛苦对我很重要。我很难过，因为我和犹太人相处的经验和你大不相同。我很希望，

> 我不希望他听到的是指责，我希望他听见我的心声。

　　你能有一些不一样的经验。你可以告诉我，你听到我说了什么吗？
男　子：你的意思是，我刚才没有权利说那些话。
马歇尔：不，我希望你对我的话有不同的理解。我真的不想指责你，我无意指责你。

　　于是，我试着放慢对话的节奏。根据我的经验，只要人们在我们的话中听到指责，哪怕只有一点点，便很难转向体会我们的痛苦。如果这位先生的回应是"我那样说真的很糟糕，我真不该说那些种族歧视的话"，那就表示他并没有听见我。人们一旦认为自己做错了事，便无法全然领会他人心中的痛苦。

　　我不希望他听到的是指责，我希望他听见我的心声。指责别人是很容易的，人们也习惯了听见指责。有时，他们会认同这些指责，因而自责。有时，他们会痛恨我们批评他们——但这样都无法令他们做出改变。一旦我们注意到他们认为自己受到了指责，就像出租车里的那位先生一样，我们也许就需要慢下来，再花点时间去聆听他们的痛苦。

给自己时间

　　学习在日常生活中运用非暴力沟通，最重要的也许是——慢下来。在社会的制约下，我们养成了许多习惯性反应。要从中跳脱出来，或许会让人感到别扭。然而，如果想要清醒地活出自己的价值观，我们就要给自己充足的时间。

> 学习以及运用这个过程，并非一蹴而就，都需要花一些时间。

我的一位朋友山姆曾将非暴力沟通的基本要素写在了一张 3 英寸 x5 英寸的卡片上，当成他在上班时使用的"小妙招"。每当老板批评他时，山姆就会停下来，看看手中的卡片，并且花点时间想一下如何回应。我问他，这样时不时盯着自己的手心，慢慢组织语句，同事们会不会觉得奇怪。山姆回答说："其实也没花太多时间，就算时间长了点，我认为也是值得的。因为对我来说，重要的是，用我真正想要的方式回应他人。"在家里，他会更加开诚布公地使用卡片，并向太太和孩子们解释为什么要不嫌麻烦地花时间这样做。每当和家人发生争执，他就拿出卡片，认真考虑如何做出回应。1 个月之后，他就不需要再用卡片来提醒自己了。有天晚上，为了看电视的事情他和 4 岁的儿子斯科特发生了争执，眼看争吵要升级了，孩子着急地说道："爸爸，快拿卡片！"

如果你希望自己在诸如生气这样的艰难时刻也能运用非暴力沟通，不妨来做以下练习。诚如我们已经探讨过的，愤怒来自我们对他人持有的评判、标签、指责——认为他人"应该"怎样做、"活该"遭受什么等等。将你头脑中时常浮现的评判列出来，你可以参考"我不喜欢……的人"这样的句子。收集所有的负面评判，接着问自己："当我对他人有这番评判时，我有什么样的需要没有得到满足？"通过这样的方式，我们可以训练自己从"我有什么需要没有得到满足"的角度来思考，而非评判和责怪他人。

练习是关键。大多数人的成长环境和我小时候生活的底特律街头相比，也许会少一些暴力，但也相差不远。评判和指责已成为我们的第二天性。因此，要运用非暴力沟通，需要慢慢推进，先想清楚再开口。有时，甚至只要深吸一口气，什么都不说就足够了。学习以及运用这个过程，并非一蹴而就，都需要花一些时间。

小结

生气时，指责和惩罚他人都无法真正传达我们的心声。如果想充分表达愤怒，首先要认识到他人并不需要对我们的愤怒负责。取而代之的是，把注意力放在自己的感受和需要上。相较于评判、指责或惩罚他人，我们若能把自己的需要表达出来，将更有可能让这些需要得到满足。

表达愤怒的4个步骤是：（1）停下来，深吸一口气；（2）辨识脑海中评判性的想法；（3）与自己的需要连结；（4）表达自己的感受和未满足的需要。有时，在第3和第4步之间，我们也许需要先同理对方。这样，当我们在第4步表达自己时，对方才能更好地听见我们。

我们需要给自己充足的时间来学习和实践非暴力沟通。

非暴力沟通实例

父子间的对话：一个生死攸关的事件

15岁的比尔悄悄开走了父亲的朋友乔治的车，他载着两个朋友（其中一位是乔治14岁的女儿伊娃）兜完风，将车完好无损地放回了车库。对此，乔治也毫无察觉。但后来，伊娃将此事告知了父亲。接着，乔治又告诉了比尔的父亲。这位父亲刚刚学习了非暴力沟通，以下是他和儿子比尔之间的对话。

父亲：我听说你、伊娃和戴维，没有和乔治打招呼，就开走了他的车。
比尔：没有这回事！
父亲：(提高了嗓门) 不要骗我！这样只会把事情弄得更糟！

突然，他意识到，为了和儿子连结，他需要先和自己的感受连结。
父亲：你坐一下，我需要想一想。

他检视着自己的内心，发现自己又气又怕。他生气，是因为他对自己说："比尔应该懂事点！""他怎么变得会说谎了！"他害怕，是因为想到比尔的行为以及他对儿子的误判可能造成的后果。

父亲：(默默地想) 我真是个笨蛋，居然以为他很懂事！他这样做可能会闹出人命啊！（立刻又意识到自己在评判）哎呀，我要把"笨蛋"和"说谎"这样的标签转换为感受和需要。我猜我之所以会说自己是"笨蛋"，是因为我对自己感到失望，我希望自己能更了解儿子。至于"说谎"，是因为我很害怕，我希望能够准确地了解这件事再来处理它。

父亲：（安静地想了一会儿后开口）比尔，你是不是担心你如果说实话会受到处罚？

比尔：是的，每次我做了你不喜欢的事，你就凶得很。

父亲：你的意思是，希望我能更多地理解你，对你更公平一点？

比尔：有可能吗？说得跟真的一样！

父亲：（在心里念叨着）天哪，他这样说话，简直太气人了！他难道看不出来我多么努力地在和他沟通吗？我也需要得到一点尊重。而且我为他这么担惊受怕，也需要得到一些关怀。

父亲：（开口对比尔说）听起来，你似乎担心，不管你说什么，都不会受到公平的对待？

比尔：你会在乎这个吗？一有什么事，你就只是想处罚人。另外，发生什么大不了的事了吗？就算我们开了车，但没有人受伤，车也还回去了。我们又没有杀人放火！

父亲：你是不是担心，如果承认自己开走了车，你的下场会很惨？你希望能得到公正的对待？

儿子：是的。

父亲：（给自己一些时间，安静地做更深的连结）我怎么做，你才会放心？

比尔：你要和我保证，以后绝不再处罚我。

父亲：（意识到惩罚并不能让比尔明白自己的行为可能造成的后果，反而会让父子关系更加隔阂和疏远，他表示愿意答应比尔的请求。）如果你同意和我好好谈一谈，我愿意答应你的请求。我的意思是，我们要好好地聊一聊，直到我确定你明白，把车子开出去这件事可能会造成的后果。如果我不确定你知道自己做的事可能会有什么危险，我也许还是会对你采取强制性手段，但目的只是为了保护你。

比尔：哇，这可真是太有意思了！我竟然蠢到要你用强制的手段来保护我，真是好极了！

父亲：（一时和自己的需要失去了连结，默默地对自己说）天哪，有时我真恨不得宰了这小子……听到他这么说，我真是一肚子火！看上去他根本什么都不在乎……该死，我现在的需要是什么？我需要知道的是，我已经如此努力了，对于我说的话，他多少会有些在意吧。

父亲：（生气地大声说）你知道吗，比尔，你这么和我说话，我真的非常生气。我非常努力地尝试理解你，而你……好，我需要知道你还想和我谈下去吗。

比尔：我无所谓。

父亲：比尔，我真的很想听你的心里话。我不想像过去那样，在发生让我生气的事情时就来指责你、威胁你。可是刚才听到你说"我竟然蠢到要你用强制的手段来保护我……"，还有你说这话时的语气，我真的很难再控制自己的脾气。我希望你能帮助我。我的意思是，如果你希望我听你说话，而不是指责你或威胁你，那就请帮助我了解你的想法。如果你不愿意，我只好用老办法来处理这件事情。

比尔：什么老办法？

父亲：用老办法，我到这时多半已经会告诉你："在接下来的两年里，不准看电视，不准开车，没有零花钱，不准外出约会，什么都不能做！"

比尔：呃，那我还是希望你用新办法。

父亲：（带点幽默地说）很高兴你的自我保护意识完好无损。现在，我想知道，你是否愿意和我坦诚地交流，包括分享你的脆弱。

比尔：你说的"脆弱"是什么意思？

父亲：就是请你告诉我，对于我们谈论的这件事，你的感受是什么？同样地，我也会告诉你我的感受。（语气坚定地）你愿意吗？

比尔：好吧，我试试。

父亲：（有点宽慰，舒了口气）谢谢。你愿意试一试，我真的很感激。我告诉你，伊娃被乔治禁足3个月，不允许她做任何事。听到这个消息，你有什么感受？

比尔：天哪，这太不公平了！

父亲：我想知道你的感受。

比尔：我刚才说了，这完全不公平！

父亲：（意识到比尔并没有真正触碰自己的感受，他决定来猜一下）听到伊娃要为她的错误付出那么大的代价，你感到难过，是吗？

比尔：不，不是这样。我的意思是，那根本不是她的错。

父亲：哦，所以你很难过，因为那是你的主意，但她却为此付出代价？

比尔：是的，她只是跟着我，做了我让她做的事罢了。

父亲：看到你的决定对伊娃的影响，你似乎有些心疼？

比尔：也许是吧。

父亲：比尔，我真的希望你能明白，你的行为是有后果的。

比尔：好吧，我没有想过兜风会出什么差错。嗯，我想这次我确实把事情给搞砸了。

父亲：不要这么想。我希望你看到的是，在这件事情上，你没有料到会有这样的后果。所以，我希望确保你能够意识到行为会带来的后果。你能告诉我，对于你做的事，现在的感受是什么吗？

比尔：我觉得自己很蠢，爸……我没有想要伤害任何人。

父亲：（尝试将比尔的自我批评转换为感受和需要）所以你对自己做的事情感到伤心和悔恨，因为你希望我们相信你无意伤害任何人？

比尔：是的，我没有想到会惹这么大的麻烦。我只是没有把事情想清楚。

父亲：你是不是想说，希望自己当时能够三思而后行？

比尔：（沉思着）是的……

父亲：听到你这么说，我就放心了。为了修复和乔治家的关系，我希望你去找他，并且告诉他你刚才的那些话，你愿意这样做吗？

比尔：天啊，那太可怕了。他一定会很生气！

父亲：是的，他很有可能会生气。不过，这就是你要面对的一个后果，你愿意为你的行为负责吗？我喜欢乔治，不想失去这个朋友。而且，我猜你也想继续和伊娃做朋友，对吗？

比尔：她是我的好朋友。

父亲：那我们去见他们好吗？

比尔：（害怕且犹豫着）好吧……好。我想可以吧。

父亲：你是不是有点害怕去见他们，你希望能有安全感？

比尔：嗯！

父亲：那我们一起去吧！我会陪你、支持你。你愿意这么做，我真的以你为荣。

第十一章

化解冲突，调和纷争

你已经熟悉了非暴力沟通的步骤，接着我将介绍如何用它来化解冲突和纠纷。这些冲突可能是你与他人间的，也可能是他人之间（可能涉及家人、伴侣、同事乃至陌生人）的。无论何种情况，化解冲突须用到之前提及的所有原则：观察，识别和表达感受，将感受和需要相连，并且用清晰、具体、正向的行动语言向另一方提出可行的请求。

数十年来，我用非暴力沟通在世界各地开展化解冲突的工作：从争吵的情侣、家人，到劳资双方和相互交战的族群。我的经验教会我：化解任何形式的冲突直至皆大欢喜，是完全有可能的。我们只需要有耐心，愿意建立人与人之间的连结，跟随非暴力沟通的原则直至达成和解，并且信任这个过程会行得通。

人与人的连结

用非暴力沟通化解冲突时，最重要的是建立冲突双方之间的连结。人与人之间只有建立了连结，才会发自内心地想要了解彼此的感受和需要。唯有如此，非暴力沟通的步骤才能发挥效用。此外，你从一开始就要让双方明白，冲突调解的目标并非让一方服从于另一方。只有当双方都能理解这点，才有可能（甚至很容易）就如何满足大家的需要开展对话。

以非暴力沟通的方式寻求改变时，我们也在努力实践一种不同的价值观：我们建立的每一段关系都反映着我们想要创造什么样的世界，我们迈出的每一步都折射着我们追求什么样的关系。简而言之，我们寻求改变的方式反映着我们所认同的价值观。我们了解了非暴力沟通的不同之处在于，不去要求他人按照我们的意愿行事，而是学习有意识地克制自己，努力创造人与人之间的关爱与尊重，使冲突的双方在重视自己需要的同时，也意识到自己的需要和对方的福祉是相互依存的。如果能这样，你将会惊讶地发现，那些原本看似无解的冲突竟能轻而易举地被化解。

因此，受邀化解冲突时，我的工作核心就是带领双方创造充满关爱与尊重的关系，在这个基础上相互连结，而这往往是最困难的部分。一旦关系建立了，我只需支持双方找到解决冲突的策略，直到大家都心满意足。

请注意，我说的是满意，而非妥协。大部分的冲突解决工作致力于妥协。这意味着大家都得让步，没有一方是全然满意的，而非暴力沟通的目标是——让各方的需要都得到充分的满足。

非暴力沟通冲突解决与传统冲突解决的不同

非暴力沟通鼓励我们建立人与人之间的连结，这意味着，当我作为第三方调解人（即有一位第三方人员介入冲突的两方进行调和工作）和冲突中的双方（个人或者团体）开展工作时，我的工作方法和职业调解人常采用的方法大不相同。

有一次我在奥地利和一群职业调解人开会，他们在处理国际冲突方面经验丰富，包括工会与资方间的冲突。在会上，我讲述了由我调停过的几起冲突，例如，加州土地所有人与外来劳工间的暴力冲突，也谈到我如何化解两个非洲部落间的纠纷（这部分在《用非暴力沟通化解冲突》一书中有详尽说明）以及其他一些极其困难又危险的冲突。

会上有人问我会花多少时间来研究冲突的情势。这是大部分职业调解人开展工作的流程：先对导致冲突的问题做一番研究，然后开展实际的调停工作。他们关注的重点放在那些问题而非建立人的连结上。事实上，在传统的"第三方调解"方法中，冲突双方甚至不一定同时在场。有一次，我作为接受调解的一方，与我方成员坐在一个房间里，对方则坐在另一个房间，调解人就在两个房间之间来回穿梭。他问我们："你们希望他们怎么做？"然后将我们的话带给另一方，并询问他们的意愿。接着他又回到我们这里，告诉我们："他们不愿意那样做，但如果……，你们觉得怎么样？"

许多调解人认为，自己所扮演的角色是所谓的"第三个脑袋"，努力想出办法让所有人达成共识。他们毫不关心要在这个过程中创造人与人的连结。当我描述非暴力沟通的方法以及人与人建立连结的重要性时，一位参会者提出了质疑，他认为我谈论的属于心理治疗范畴，而调解人并不是心理治疗师。

然而，根据我的经验，连结人非但不是心理治疗，还是化解冲突的关键，是唯一能够有效化解冲突的方式。一旦你成功地建立了人与人之间的连结，问题多半会自行解决。与其由这"第三个脑袋"来问"我们可以达成什么样的共识"，不如让每个人清楚表明自己的需要，此刻希望对方做什么。在双方都明白对方的需要后，自然就能找出方法来满足彼此的需要，也就是双方都能认同在调解工作结束后所实施的策略。

非暴力沟通化解冲突的步骤

在详细讨论化解冲突的核心要素之前，我先大致介绍一下在化解自己和他人的冲突过程中所涉及的 5 个步骤。任何一方都可以先表达自己的需要，简便起见，假设先由我方表达。

- 首先，我们要表达自己的需要。
- 其次，不论对方说什么，设法找出他们真正的需要。如果发现他们表达的是想法、评判或分析，而不是需要，我们可以继续寻找话语背后的需要。
- 第三，确认我们都准确理解了彼此的需要，否则，继续寻找话语背后所隐含的需要。
- 第四，尽可能地同理对方，以便让双方都能确切地了解彼此的需要。
- 第五，当双方都澄清了事件中的需要后，我们就可以用正向的描述行动的语言提出化解冲突的策略。

在整个过程中，我们要仔细聆听彼此的心声，避免在言语中影射对方有错。

> 我们还要明了"需要"和满足需要的"策略"是不同的。

需要、策略以及分析

理解与表达需要是非暴力沟通冲突解决的核心,让我们来回顾这一贯穿本书(尤其在第五章中)的核心概念。

本质上,需要是我们用以维系生命的资源。人人都有身体上的需要,如空气、水、食物、休息;也有心理上的需要,如理解、支持、诚实和意义。我相信,无论国籍、宗教、性别、收入、教育程度等如何,每个人的需要都是相通的。

我们还要明了"需要"和满足需要的"策略"是不同的。在化解冲突时,清晰分辨"需要"和"策略"的不同是非常重要的。

许多人很难表达自己的需要。社会教会了我们评判和侮辱性的语言,这些沟通方式让我们彼此疏离。在冲突中,双方通常会花大量时间证明自己是对的、对方是错的,而不会关注自己和对方的需要。语言上的冲突一不小心便升级为肢体暴力,甚至是战争。

为了避免将"需要"和"策略"混为一谈,我们一定要记得,"需要"并不涉及某个人所采取的特定行动;相反,"策略"则涉及某个人可能采取的某个行动,它的形式可以是请求、诉求、愿望以及"解决方案"等。

举例来说,有一次,我遇到一对正准备离婚的夫妻。我问那位先生:在婚姻中,他有哪些需要没有得到满足。他说:"我需要结束这段婚姻。"他所表述的是某个人(他自己)采取的某个行动(结束婚姻),因而,他表达的并非一个"需要",而是"策略"。

我向那位先生指出了这一点,并建议他先来厘清自己和太太的需要，然后再看看要不要采取"结束婚姻"的策略。当他们连结了各自和对方的需要后，便发现，除了离婚，他们还可以通过其他的策略来满足这些需要。那位先生承认，因为工作辛苦、压力很大，他的需要是得到欣赏和理解。他的太太则意识到，她的需要是亲密和连结，但丈夫的工作却占据了他太多时间。当他们真正理解了彼此的需要，就能够达成一些约定，在顾及先生工作的情况下，满足双方的需要。

还有一对夫妻，因为不了解何谓"需要"，以为"表达需要"就是"分析对方的问题"，两人甚至走到拳脚相向的境地。那位先生在工作坊结束后找到我，含着泪描述了他的境况，并问我是否愿意私下为他和妻子做调解。

我答应了去他家与夫妻俩见面。那天晚上，我开门见山地对他们说："我知道你们两人都很痛苦。首先，我想请你们各自表达你们在这段婚姻关系中没有被满足的需要。我相信，一旦你们明白了彼此的需要，就能找到策略来满足这些需要。"

由于不知道什么是需要，那位先生劈头盖脸地对着太太说："你的问题就在于对我的需要无动于衷。"

他的妻子也用同样的方式回答道："你每次都这么说，这对我太不公平了！"

他们两人都没有表达自己的需要，而是在分析对方的问题，人们又往往很容易将分析听成批评。诚如我在先前所提到的，分析对方的问题或暗示对方有错，实质是在表达自己未被满足的需要，但这种表达方式却会带来糟糕的影响。以这对夫妻为例，先生的需要是得到支持与理解，但他所表达出来的却是妻子"无动于衷"；妻子也希望得到真正的理解，但她说出来的却是先生对她"不公平"。他们花了好些时间才终

> 若不知道如何清楚直接地表达自己的需要，而只是分析对方的问题，就会让对方认为遭受到了批评，我们就把自己一步步推向了战争。

于找到了彼此的需要，但一直等到真正认可和理解了对方的需要后，他们才得以寻求策略，来化解长久以来的矛盾。

　　还有一次，我为一家公司做顾问。由于严重的内部派系纷争，公司员工的士气和产量都一落千丈。纷争的起因是，同一部门的两个团队因为使用哪个软件而各执己见、争执不休。其中一个团队曾花了很多心血研发出公司当时正在使用的软件，因此希望能继续使用下去，另一个团队则坚决主张开发一款新软件。

　　首先我请双方告诉我，他们各自坚持使用的那个软件，能满足自己什么样的需要。但他们习惯以理性分析的方式回答，这往往会被另一方视为对自己的批评。主张开发新软件的一位团队成员表示："我们当然可以继续维持这种过分保守的作风，但这样下去，我想未来等待我们的就是失业。要进步就得冒一些险，敢于突破固有的做法。"反对派的一位成员则回应道："盲目冲动地追逐新事物并不符合我们的最佳利益。"他们承认，几个月来双方都在重复类似的分析，非但没有解决问题，反而加剧了关系的紧张。

　　若不知道如何清楚直接地表达自己的需要，而只是分析对方的问题，就会让对方认为遭受到了批评，我们就把自己一步步推向了战争（无论是语言、心理或是肢体上的）。

超越语言，感知需要

　　要用非暴力沟通来化解冲突，我们需要训练自己——无论他人用什么方式来表达，都听见那背后的需要。如果我们真的想支持他人，就要

> 冲突中的人们一旦可以说出对方的需要，最多只要 20 分钟，冲突就可以得到解决。

先学习将任何信息翻译为需要。沉默、否定、评判、肢体语言或请求等都是"信息"的不同呈现形式。我们要磨练的技巧是聆听每个信息中所隐含的需要，即使一开始是通过猜测。

例如，在和别人交谈时，如果我问对方刚才说的话是什么意思，对方回应我的是："你这个问题真傻！"这时我就知道，那人只不过是以评判的方式来表达某个自己的需要。于是，我接着来猜测那是什么样的需要——也许我的提问无法满足他被理解的需要。再例如，当我请伴侣谈谈我们在关系中所面临的压力时，对方回答："我不想谈。"我猜，也许她的需要是保护自己，她担心谈了之后会有什么别的问题。因此，我们的功课是去学习在别人不明说的情况下，识别话语中隐含的需要，通常这要靠猜测。一旦感知到对方的需要，就可以向他们求证，再支持他们说出自己的需要。如果我们能够真正听见他人的需要，就能建立更深层的连结，这是成功化解冲突的关键。

我认为，冲突中的人们一旦可以说出对方的需要，最多只要 20 分钟，冲突就可以得到解决。在伴侣工作坊中，我通常会让吵得最久的夫妻参与现场的演示，借以证明我的预测。有对夫妻在他们 39 年的婚姻中为了金钱问题争吵不断。婚后 6 个月中，太太两度透支了账户里的钱，于是先生便掌管了家里的经济大权，不许太太再开支票。从此，两人一直为此争吵不休。

一开始，那位太太质疑我的预测。她认为，即使他们的婚姻关系不错、沟通良好，但这么快化解经年累月的冲突是不可能的。

随即，我先邀请她告诉我，是否知道在和金钱有关的冲突中丈夫的需要是什么。

她回答："很明显，他就是一分钱都不想让我花。"

丈夫闻言大声叫出:"这太荒谬了!"

当太太说丈夫"一分钱都不想让我花"时,她所表达的是我所谓的"策略",而不是"需要"。即使她猜对了丈夫的策略,却并没有看见他的"需要"。因为,"需要"指的并不是任何特定的行为,例如"花钱"或"不花钱"。我告诉这位太太,所有人都有着共通的需要,只要她能理解丈夫的需要,问题就可以得到解决。我再次鼓励她说出丈夫的需要,她回答:"他和他爸一个样子。"接着开始诉说他的父亲是如何不舍得花钱。这时,她开始"分析"起丈夫的问题。

我打断她的话,再次问道:"那他的需要是什么呢?"

显然,即使 39 年来她和丈夫"沟通良好",她还是不知道对方的需要是什么。

我转向那位先生,询问他:"既然你太太不知道你的需要,不如你来告诉她,你不让她开支票是为了满足你的什么需要呢?"

他答道:"马歇尔,她是个很棒的太太和妈妈。但在花钱这件事上,她完全没有责任感。"这类"诊断"式的语言("没有责任感")根本无助于解决冲突,当一方听到对方的批评、诊断或分析,沟通就会演变为自我辩护或相互指责。

于是,我试着聆听他在说太太"完全没有责任感"背后有着什么样的感受和需要:"你是不是感到害怕,因为你需要在经济上保护你们的家庭?"他表示确实如此。诚然,我的猜测是正确的,但就算我第一次猜错也没有关系,因为我还是会把注意力放在他的需要上——这才是问题的核心。事实上,就算猜得不对,我们也可以支持对方关注自己真正的需要,从而跳脱出分析,与自己的内在生命建立更多连结。

需要被听到了吗？

那位先生终于承认了他的需要是保护家庭的安全。下一步就是确认他的太太听见他的需要。这是化解冲突的关键步骤。我们不能假定当一方清楚地表达了自己的需要，另一方就一定准确地听到了。我问那位太太："你可不可以告诉我，你听到你的丈夫在这件事中的需要是什么了吗？"

"喔，我只不过是让账户透支了几次，但这也不代表我会一直这么做吧。"

她的反应并不令人意外。就算对方的表达在他人看来已经足够清晰，但当事者却会因为心中的积怨而无法听见对方。于是，我接着对太太说："我想告诉你，我刚才听到你丈夫说了什么，也请你把这些内容复述给他。我听到你丈夫说，他希望保护家庭，确保家里的经济无恙，但他担心他做不到，所以他很害怕。"

痛苦阻碍聆听，同理舒解痛苦

然而，这位太太依然深陷痛苦而无法听见我的表达。这就涉及另一个可以有效化解冲突的技巧。当人们心烦意乱时，往往需要先得到同理才有可能听进去别人的话。因此，我不再让她复述先生的话，而是试着理解她的痛苦。面对处于痛苦中的人们，尤其是经受了长年累月的苦痛，重要的是给予他们足够的同理，让他们感受到自己的痛苦被看见、被理解了。

于是，我便开始同理那位太太："我体会到你很伤心，你希望丈夫信任你能从过去的经验中学习。"她的眼神告诉我，她是多么渴望得到这样的理解："是的，一点没错！"然而，当我再次请她复述丈夫刚才说的话时，她还是回答："他认为我花钱太大手大脚了。"

大部分人从来没有被教导过如何表达自己的需要，也没有学习过如何听见他人的需要。这位太太所听到的都是先生对她的批评或诊断。我继续鼓励她尝试听一下先生的需要。在我重复了两遍他的需要是"家庭安全"后，她终于能够听见了。这样来来回回几次，他们终于听到了彼此的需要。这是 39 年来他们第一次了解彼此在银行账户这件事情上的需要。正如我先前所预料的，他们果然用了不到 20 分钟的时间便找到了可行的解决方法，双方的需要都得到了满足。

这些年来，我在化解冲突上持续累积的经验让我了解到了家庭失和、两国交战的真正原因，使我越发相信，化解这些冲突是连孩子都能做到的事。只要我们能表明这是双方的需要，这是现有的资源，我们可以做什么来满足这些需要，冲突就可以轻而易举地得到化解。然而，我们的思想却更多地聚焦在用标签和评判来彼此伤害，以至于原本微不足道的冲突变得不可收拾。非暴力沟通能帮助我们免于掉入这样的圈套，从而达成令人满意的共识。

用此刻可回应的、正向的行动语言化解冲突

在第六章中，我提到了要使用**此刻可回应的**、正向的行动语言提出请求。在这里，我想再举几个例子来说明这对化解冲突很重要。一旦冲

突双方理解了彼此的需要，下一步就是寻找满足需要的策略。此时，一定要避免仓促行事，否则就可能导致妥协和让步。而彼此若有可能真诚地达成和解，便能体验到这个过程的深度。双方在谈论解决方案前越能充分聆听彼此的需要，日后就越有可能更好地遵守彼此的约定。找到了满足所有需要的行动策略，化解冲突的过程才真正结束。用清晰的、**此刻可回应的**、正向行动的语言来表述策略，冲突才能走向和解。

"此刻可回应的语言"指的是当下的诉求，比如可以这样说："我想请你告诉我，你是否愿意……（描述想要对方采取的行动）？"用**此刻可回应的**语言表达请求（"你是否愿意……"），有利于双方在讨论时保持相互尊重的态度。如果对方表示不愿意，我们可以进一步了解是什么原因让他们不愿意。

相反，如果在提出请求时不使用**此刻可回应的**语言，诸如"我希望你周六晚陪我一起去看戏"，对方便无从知晓当下可以怎么做。若用**此刻可回应的**语言来修改，让请求变得清晰并有利于保持两人的连结，则可以问："你能告诉我，你愿意周六晚上和我一起去看戏吗？"若要进一步向对方澄清我们在此刻希望得到的回应，我们可以问："你是否愿意告诉我，对于周六晚上跟我一起看戏这件事，你有什么想法？"我们把此刻所希望得到的回应说得越清楚，就越能够有效地化解冲突。

使用行动语言

在第六章中，我们还提到了在提出请求时"行动语言"所扮演的角色。在冲突化解中，我们更要把焦点放在自己真正"想要"的，而非

"不想要"的事物上。谈论我们"不想要"什么，很容易让对方感到困惑并引发抗拒心理。

所谓"行动语言"指的是代表某个行动的动词，要避免模糊不清或可能被他人视为有抨击意味的说法。举例来说，有位女士表示在伴侣关系中理解的需要一直没有得到满足。当她的伴侣能够准确听到她的需要并且复述给她后，我转向那位女士："现在让我们来讨论策略吧。你希望你的伴侣做些什么来满足你得到理解的需要呢？"她看着伴侣说："我希望在我对你说话时，你能聆听我。""我在听啊！"伴侣立刻反驳道。发生这样的状况并不稀奇——如果有人告诉我们，希望我们能注意听他们说话，我们很容易认为对方在指责我们没有聆听他们，因而愤愤不平。

这对夫妻就这样你一句我一句地杠上了。先生一再说："我真的听你说了！"太太则反驳道："不，你没有！"他们告诉我，这样的"对话"持续了12年。当冲突双方使用类似"聆听"这样模糊的词语来表达策略时，经常就会发生这种状况。我建议他们使用行动动词来传达他们具体看到或听到的是什么，就像那些能被摄影机所捕捉到的内容。一个人是否真的在"聆听"，只有自己知道，别人无法用肉眼看见。要确定某个人是否真的在听我们说话，有一个办法是，请他复述刚才我们所说的话。这样我们就是在请求对方采取一个可以看得见或听得着的行动。如果对方讲得出刚才我们说了什么，就能知道对方确实在听。

还有另外一对夫妻，太太希望先生能尊重她的选择。在她成功表达了需要后，接下来她就要搞清楚采取什么策略来满足她的需要，并且向先生提出请求。于是，她对先生说："我希望你让我自由地成长并且做我自己。""我就是这么做的啊！"先生回答道。随后他们就像之前那

> 当我们提出一个请求时，要注意的是，无论对方是否同意，都要尊重他们的回应。

对夫妻一样，一个说："我就是这么做的啊！"另一个说："不，你没有！"你来我往，反反复复，却徒劳无功。

类似"让我自由地成长"这样的非"行动语言"往往只会使冲突升级。在这个例子中，先生认为太太是在指责自己过于掌控。我向那位太太说明，她的丈夫并不清楚她要什么："请你明确地告诉他，你希望他怎么做能够满足你被尊重的需要？"

"我希望你让我……"她一开口，我便立即打断了她，告诉她"让"这样的说法太模糊了："当你说你希望某人'让'你如何时，究竟是什么意思？"

沉思了几秒钟后，她终于恍然大悟。她发现，当她说"我希望你让我做自己"以及"我希望你让我自由地成长"之类的话时，她的意思其实是希望先生能够告诉她：不管你做什么，都是可以的。

当明白了自己的请求实际上是希望先生对她说那些话时，她便发现这样的诉求并没有给先生太多自由做他自己，也没有尊重他的选择。而相互尊重乃是成功化解冲突的关键要素。

翻译他人说的"不"

当我们提出一个请求时，要注意的是，无论对方是否同意，都要尊重他们的回应。我在许多传统调解中都看到人们如何被拖延战术消磨意志，直到接受妥协。与此非常不同的是，非暴力沟通冲突解决的目标是让每个人的需要都得到满足，没有一方是输家。

在第八章中，我们谈到了一个重要的话题：当听到别人说"不"

时，我们无须认为这是对我们的"拒绝"。仔细聆听那个"不"背后所隐藏的信息，就能帮助我们理解对方的需要——当他们说"不"时，是出于什么样的需要而无法答应我们的请求呢？如果我们能听见"不"背后的需要，即使对方不同意我们提出的策略，我们依然能继续进行调解，将我们的注意力聚焦在找到办法满足所有人的需要上。

非暴力沟通与调解人的角色

到目前为止，除了少数几个我作为调解人化解冲突的案例，我在本章节主要谈论了如何用非暴力沟通的调解技术来化解自己和他人的冲突。然而，若想要作为第三方调解人来协助双方调停纷争，我们还要记住几件事。

1. 你的角色以及对非暴力沟通调解过程的信心

当作为调解人参与冲突解决时，我们最好开宗明义地告诉冲突双方——我们的工作不会偏袒任何一方，而是支持双方听见彼此的声音，引导他们找到满足各方需要的解决方案。视当下状况，我们也可以向人们传达我们的信心，告诉他们：你相信，只要双方都遵照非暴力沟通的步骤，最终，所有人的需要都能得到满足。

2. 谨记：冲突与我们无关

我曾在本章开头强调：用非暴力沟通化解冲突的目标并非要让对方按照我们的意愿去做。同样的原则也适用于调解他人的冲突。尽管我们可能对于要如何化解冲突有着自己的心愿，尤其是在家人、朋友和同事发生冲突时，但我们务必谨记：身为调解人，我们的工作不是为了实现自己的目标，而是要创造一个环境，让双方能够相互连结，表达各自的需要，理解彼此的需要，并找到策略来满足这些需要。

3. 急救式同理

作为调解人，我会强调我的目标是让双方都得到充分和准确的理解。但有时也不免发生这样的状况：当我同理了一方，另一方就会立刻控诉我在偏袒。这时，我们就要给予这一方一些"急救式同理"。我们也许可以说："你是不是很生气，想要确保你有机会陈述自己的立场？"

在同理了他们的心境后，我会提醒他们每一个人都有机会发声，并且接下来就会轮到他们。然后，为了确保他们真的同意等待，我可能还会询问他们："这样你是不是比较放心了，还是你希望能更确定很快就可以发言了？"

我们可能需要反复这样做，以确保调解过程顺利进行。

4. 掌握进度：追踪

在调解过程中，我们务必做好"追踪"进程的工作——仔细注意人们所说的话，确保双方都有机会表达自己的需要，聆听对方的需要并提出请求。此外，我们还要"追踪"——注意其中一方刚才说到哪里，以便在另一方说完后，回到前者所说的内容上。

要这样做并不容易，尤其在双方争执不下、情绪激动时。此时，如果能在白板或挂纸上将上一位讲话者所表述的要义（感受或需要）记录下来，会颇有帮助。

用视觉的形式追踪进程也能让双方确保自己的需要会被听见。调解过程中经常会发生这样的状况：调解人还没来得及引导一方充分表达完自己的需要，另一方就抢着发言了。花一些时间记录下需要，并且让在场的每一个人都看得到，这会让聆听的一方感到踏实，相信自己的需要会得到处理。这样，每个人就都能更专心地听对方说话了。

5. 聚焦于当下

调解人需要为调解过程注入的另一个重要品质是——对当下的觉察：此刻谁需要什么？人们此刻的请求是什么？要保持这样的觉察，需要大量练习如何安住在当下，而我们大部分人从未受过这方面的训练。

在调解过程中，我们会听到人们有许多讨论，关于过去所发生的事件以及未来所期望的改变。但唯有把握此时此刻才能化解冲突，因此，当下才是我们需要关注的焦点。

6. 推动对话进程

调解人的另一项任务是避免对话陷入泥潭。人们往往认为只要把同样的话多说几遍，别人就能够理解并且按照他们的意思去做，因此，对话很容易陷入原地打转。

为了推动对话进程，调解人需要提出有效的问题，并且在必要时刻维持好对话的节奏，甚至加快步调。有一次，我受邀在一个小镇主持工作坊，主办方问我是否可以帮助他调和一桩家庭内财产分配纠纷。我答应了，同时也意识到我在课余只有3、4个小时的空档来做这件事。

这场纠纷的核心是，一个拥有一大片农场的男子即将退休，他的两个儿子为了财产分配陷入了剧烈争吵。两人虽然都住在农场的一端，彼此距离很近，但已经有 8 年不曾交谈了。我会见了这对兄弟以及他们的妻子和姐妹。8 年来，所有人都卷入这桩复杂的法律纠纷，非常痛苦。

为了让调解工作取得进展，并且不耽误我的工作坊，我不得不加快调解的进程。为了不让他们再花时间重复同样的故事，我便问其中一位兄弟是否可以先来扮演他，然后我再来扮演另一位兄弟。

在角色扮演过程中，我开玩笑地问他们，是否可以请"导演"看看我演得对不对。出乎我的意料，我看见了那位我所扮演的兄弟已泪流满面。我猜我的角色扮演让他得以深深地同理自己，并且终于体会到兄弟的痛苦。第二天，他们的父亲双目含泪地告诉我，昨晚，他们全家一起出去吃了晚饭，这是 8 年来的第一次。这场纷争旷日持久，双方的律师都无法让彼此达成共识，但当两兄弟在角色扮演中真正听见彼此的苦痛与需要后，冲突终于迎刃而解。如果我当时任由他们各自讲述自己的立场，调解过程就会冗长得多。

我在进行角色扮演时，会时不时地转向我所扮演的人（我称他们为"导演"），看看他们认为我演得如何。我甚至一度认为我有表演天赋，因为我经常都会看见他们流泪，并对我说："这就是我一直想要说的话。"但后来，当我开始指导别人角色扮演后，便明白了只要能和自己的需要连结，任何人都可以做到。这是因为，无论具体发生的事情是什么，我们的需要是共通的。

有时我会辅导一些曾经被强暴或遭受过暴力折磨的人。当迫害者不在场时，我会扮演他们的角色。那些受害者时常会惊讶地听到我在角色扮演时说的话与迫害者说过的话不谋而合，他们会追问我："你是怎

191

> 我们不是去思考导致冲突的那些问题，而只是试着站在当事人所处的情景里，设身处地揣摩他们的感受和需要。

么知道的？"我相信我之所以知道，是因为我就是那个迫害者——事实上，我们每一个人都是。在角色扮演时，我们不是去思考导致冲突的那些问题，而只是试着站在当事人所处的情景里，设身处地揣摩他们的感受和需要。尽管我们会时不时地与"导演"核实情况，我们并不一定总能把话说对，但我们的目的不在于"正确扮演角色"。没有人可以永远演得对，这并没有关系。如果演得有所偏离，角色扮演的对象会以某种方式让我们知道，我们也因此多了一个机会猜得更准确一些。

7. 打断

在调解过程中，当事人的情绪有时会变得十分激烈，彼此大声咆哮或抢着发言。在这种情况下，为了让调解过程得以顺利进行，我们必须勇于打断他们。有一次我在以色列做调解，我遇到的困难是，我的翻译太有礼貌了。后来我终于教会他如何说狠话："让他们住嘴！让他们至少等到你把我的话翻译完后再来对骂！"因此，每当他们相互叫嚣或在同一时间发言时，我就会打断他们："请听我说！请听我说！请听我说！"我会大声地说上几遍，直到我把他们的注意力拉回来。

一旦把他们的注意力拉回来，调解人就需要赶紧行动。如果一个人因为被打断而生气，我们也可以感受到那个人之所以无法听见我们，是因为内心带着太多痛苦。这时候就需要我们展开"急救式同理"。以下是在一场商务会议中进行这个过程的例子。

讲述者：每次都是这样！他们已经开了3次会，但每次都有新的理由来解释他们为什么做不到。上回他们甚至还签署了协议！现在又

　　　　　提出了新的保证，事情还是老样子，然后再来做一个保证！和
　　　　　这些人一起工作实在没有任何意义……
调解者：请听我说，请听我说，请听我说（声音渐大）！你可不可以告
　　　　　诉我，对方说了什么？
讲述者：（意识到自己并没有注意对方说的话）不！
调解者：所以你现在是不是失去了信任，很希望能够相信他们会说话
　　　　　算话？
讲述者：那当然，可是……
调解者：那你可以告诉我你听到他们说了什么吗？我来和你重复一下。
　　　　　我听到对方说，他们希望坦诚相待。你可以告诉他们你听到的
　　　　　吗，以便我能确定你们理解了彼此？
讲述者：（默不作声）
调解者：不行吗？那我再说一遍。

　　我们再来说一遍。

　　作为调解人，我们可以将这个角色视为翻译者：翻译一方说的话让另一方得以理解。我还会告诉人们，为了化解冲突，我会打断他们的话，请他们接受这样的方式。当我打断讲话时，我会和讲述者确认是否把他们的意思准确"翻译"出来了。我会"翻译"许多信息，有时是通过揣测，但要判定我的翻译是否准确，只有讲述者本人才能说了算。

　　我们务必要记住，打断讲话以及拉回注意力的目的是让人们重新回到非暴力沟通的过程中：做出观察，辨识并表达出自己的感受，将感受和需要相连，并以明晰、具体、正向的行动语言来提出可行的请求。

当人们不愿意面对面对话

我相信，若能设法安排冲突双方会面，相互表达需要和请求，冲突解决便会有希望。然而，一大挑战就是让双方碰面。我们时常会听到冲突中的一方这样说："不，对话起不了作用，他们不会听的。我已经都试过了，根本没用！"因为有时人们需要好一段时间才能厘清自己的需要，调解人须在前期花很大力气接触当事人，让他们表达出自己的需要，并了解对方的需要。

为了解决这个问题，我想了一些办法，让不愿意会面的当事人也能化解他们之间的冲突。一个效果不错的方法是借助录音设备。我会分别与一方一起工作，在这个过程中我扮演另一方。如果两个人之间因为冲突带来的痛苦太大而避而不见，就可以采用这个方法。

例如，有位女士和丈夫之间发生了一次严重的冲突，尤其让她感到痛苦的是丈夫将自己的怒气发泄到她身上。我从聆听她的心声开始，鼓励她明确地表达自己的需要，并让她体会受到尊重和被听见。接着，我扮演她丈夫的角色，邀请她来聆听我，揣测他可能有什么需要。

当双方的需要在角色扮演中被明确表达出来后，我请这位女士把记录这个过程的录音分享给她丈夫，看他有何反应。

由于我准确猜出了先生的需要，他在聆听录音时如释重负，因此他对我的信任度有了很大的提升。于是他同意了会面，我们得以面对面一起沟通，直到夫妻两人以相互尊重的态度，找到了满足双方需要的解决方式。

要解决冲突却又很难让双方碰面的话，将角色扮演的过程录下来，或许可以解决问题。

多管闲事的非正式调解

我们有时会在未受邀的情况下径自为他人调解纠纷，含蓄的说法是"非正式调解"，说得直白一些，就是在管他人的闲事。

有一天我在一间杂货铺买东西，看到一位女士在打她一两岁大的孩子。正当她准备再次动手时，我插手了。还有一次，我走在巴黎的街上，突然有一个看起来喝得醉醺醺的男人从后面冲上来，一把抓住走在我旁边的女人，将她转过身，然后打了她一个耳光。那个瞬间，我并没有时间和这个男人说话，于是我使用了"保护性强制力"（详见第十二章），在他即将再度动手时制止了他。我将自己安插在他们俩中间，开始管起了他们的事。还有一次在一场商务会议中，看到两拨人为一件陈年旧事反复争论不休，我忍不住又管了一次人家的闲事。

当目睹那些引发我们担忧的行为时，除非是需要采取"保护性强制力"的特殊情况，我们首先要做的是去同理他们——倾听让我们不喜欢的行为背后有什么样的需要。第一个例子中，我们如果不去同理那位母亲，而是以言语暗示她"打孩子是不对的"，我们就有可能看到带着不满的母亲将更多的暴力施加给这个孩子。没有同理的回应只能使情况恶化。

为了在管闲事时能真正帮助到他人，我们有必要对当事人的需要有

> 当匮乏思维和是非对错的思维绑在一起时，任何人都可能变得好勇斗狠。

充分的了解，并且娴熟地在任何信息背后听见需要，包括打别人耳光的行为。同时，我们要练习用语言表达同理心，让他人感受到我们明白他们的需要。

我们还要记住，若选择了去管他人闲事，仅仅帮助他们和自己的需要连结是不够的，还要用上本章所提到的所有步骤。比如，在同理了那个打小孩的妈妈后，可以告诉她，我们在意孩子的安全，希望孩子受到保护，然后再请问她是否愿意尝试其他的策略来满足她在管教孩子方面的需要。

另外，在对方尚未明白我们理解并在乎他们的需要前，我们要避免提及我们自己（与对方行为有关）的需要。因为，这时的他们并不会在乎我们的需要，也看不到他们和我们的需要是共通的。艾丽斯·沃克（Alice Walker）在《紫色姐妹花》一书中十分美妙地写道："有一天我静静地坐在那儿，感觉自己像是一个没妈的小孩——我的母亲确实已经过世了。我突然有一种感觉：我是万事万物的一部分，没有任何的分离。我知道，如果我砍了一棵树，我的手臂也将会流血。"

除非我们能确定冲突中的双方明白了自己和对方的需要，否则，我们的多管闲事就很难达到化解冲突的目标。因为我们很有可能陷入一种匮乏思维，只看得到满足我们自己的需要才是重要的。当匮乏思维和是非对错的思维绑在一起时，任何人都可能变得好勇斗狠，哪怕是最显而易见的解决方案也无法看见。至此，冲突似乎也会变得难以化解，除非我们能先同理对方，借此和对方建立连结，而不只是关注自己的需要。

小结

使用非暴力沟通来化解冲突与传统的调解方法不同。我们不去讨论事件本身、策略和妥协之道，而是首先集中注意力找到双方的需要，然后再寻求策略满足那些需要。

一开始，我们会先让冲突中的双方建立连结；然后确保双方都有机会充分表达自己的需要并且也能仔细聆听对方的需要；一旦人们听见彼此的需要，就让他们清楚地提出可行的步骤来满足那些需要。我们要避免对冲突做出判断或分析，而始终关注在需要上。

当有一方太过痛苦以至于无法聆听另一方的需要时，我们要花足够的时间同理他们，直到他们确认了自己的痛苦已经被听到。此外，当别人对我们的请求说"不"时，我们听到的不是对我们的拒绝，而是对方正在告诉我们——因为某个需要阻碍了他们对我们的请求说"是"。只有当双方充分聆听了彼此所有的需要后，我们才能进入解决方案阶段，引导双方使用正向的"行动语言"来提出可行的请求。

当我们为两个冲突的人群化解纠纷时，以上这些原则同样适用。此外，我们还要格外密切地追踪进程，在必要的时候给予同理，让对话聚焦于当下，推动对话的进程而不在原地打转，并适时打断讲述者的发言，以让人们回到调解的轨道上来。

有了这些方法和观念，我们就可以协助他人用非暴力沟通来化解冲突，即使是经年累月的冲突也能得以解决，直至皆大欢喜。

第十二章

为了保护使用强制力

当冲突双方充分表达了各自的观察、感受、需要和请求，并同理了对方，他们通常就能找到满足双方需要的解决方案。就算不认同对方，也保有善意和尊重。

然而，在有些情况下，双方没有机会进行这样的对话，例如，对方可能不愿意沟通，或是危险迫在眉睫来不及沟通。这时，为了保护生命或捍卫权益，我们就需要采取强制力。发生这样的情况时，务必区分使用强制力的目的是为了保护还是惩罚。

采取强制力背后的思考

采取"保护性强制力"的出发点是为了防止人们受伤或受到不公平的待遇，而采取"惩罚性强制力"则是为了让"做错事"的人吃苦头。例如，我们一把抓住正要冲向马路的孩子，以免孩子受伤，这就是采取"保护性强制力"。相反，如果我们动手打孩子或对孩子说"你怎么这么笨！你真是太丢脸了"，那就是在采取"惩罚性强制力"。

在采取"保护性强制力"时，我们关注的是对生命或权益的保护，而不论断他人及其行为。我们不会指责那个要冲上马路的孩子，而只是想保护他。采取"保护性强制力"背后的假设是，人们之所以做出伤害自己或他人的行为是出于无知。所谓的"无知"包括：（1）对行为的后果缺乏意识；（2）认识不到可以用不伤害他人的方式来满足自己的需要；（3）认为自己有权利惩罚或伤害他人，因为他们"罪有应得"；（4）妄想，例如，听到"某种声音"指示自己去杀人。对此，我们需要通过教育来纠正他们，而非惩罚。

相反，"惩罚性强制力"背后的假设是：人们做出不当行为是因为他们是坏的或邪恶的，为了纠正这种行为，必须通过惩罚使他们有所悔改，让他们：（1）吃足苦头，从而认清自己的过错；（2）对所作所为后悔；（3）改变行为。然而实际上，惩罚非但不能让人悔改和学习，反而会引发仇恨和敌意，并对他人所期待的改变心生抗拒。

惩罚性强制力的种类

体罚（例如打屁股）是常见的惩罚性强制力。我发现，家长们对此有截然不同的看法。有的家长坚决维护体罚，甚至引用《圣经》中的说法："不打不成才。父母不对孩子棍棒相加，会让世风日下。"他们相信体罚孩子、树立清晰的规则是爱孩子的表现。另一些家长则坚持，体罚是无爱和无效的，反而教会了孩子这样一种观念：当所有的方法都行不通时，可以诉诸肢体暴力来解决问题。

我的担忧是，孩子可能会因为害怕体罚而难以体会在父母要求背后的爱。家长们时常告诉我，他们"不得不"惩罚孩子，因为没有其他办法让他们去做家长们认为"对孩子有好处的事"。为了支持他们的观点，有的父母甚至提到有些孩子在受罚后终于"明白了道理"，因而对父母表示感激。身为4个孩子的父亲，我深深理解为人父母的不易，父母们每天都要面临如何教育孩子和保护孩子安全的挑战。即使这样，对于体罚，我也深感疑虑。

首先，有无数的孩子拒绝去做那些在大人看来对他们有益的事情，他们故意选择反抗，为的就是不想屈服于父母的胁迫。其次，即使体罚看上去达到了影响孩子的效果，却并不意味着其他方法不会同样有效。最后，和许多家长一样，我很担心体罚孩子所带来的社会影响。惩罚或许可以让孩子暂时听话，但这样的选择难道不是在延续一种社会规范，认可了用暴力来解决分歧吗？

除了体罚，还有心理上的惩罚，那就是通过指责来羞辱人。例如，孩子若没有照家长的话去做，就可能被贴上"犯错""自私"或"不成熟"的标签。另外一种惩罚方式是拒绝满足孩子，例如限制零花钱或取消做某些事的权利（诸如开车），父母用这样的方式拿走对孩子的关爱或尊重，可谓是最强有力的威胁。

惩罚的代价

如果纯粹为了免受惩罚而去做事情，我们就会关注如果不这样做会带来的后果上，并为此焦虑担忧，却忽略了事情本身的价值。如果员工为了担心处罚而工作，那么，即使任务完成了，士气也会受到影响，迟早，工作的效率也会下降。惩罚还会削弱人的自尊。假如孩子刷牙是因为担心丢脸或被嘲笑，那么，即使口腔健康了，自尊心却被蛀食。此外，惩罚还会磨灭善意，人们越是将我们视为惩罚者，就越难对我们的需要做出善意的回应。

有一次，我去拜访一位担任小学校长的朋友。在谈话时，他透过办公室的窗户看到一个大个子孩子正在打一个小个子孩子。立刻，他就跳起来，边对我说着"抱歉"边冲向操场。然后，他跑过去一把抓住那个大个子孩子，重重地推了他一下，训斥道："我要教会你不许欺负比你小的同学！"校长回到办公室后，我对他说："我不认为那个孩子会明白你想教他的道理。我猜他学到的是：在打比他弱小的人时，要注意是否会被比他强大的人（比如校长）看到。在我看来，你的做法在他心中强化了使用拳头来让人顺服的观念。"

在上述情形下，我建议首先同理那个动手的孩子。例如，如果看到一个孩子在遭到辱骂后动手打人，我可能会对这个孩子说："我知道你很生气，因为你希望得到尊重。"如果孩子肯定了我的猜测，我会接着表达我的感受、需要和请求，而不带任何的指责："我觉得有些难过，因为我希望我们既能得到尊重又不树敌。你是否愿意和我一起找到一些别的方法使你得到尊重呢？"

惩罚的局限

有两个提问可以帮助我们认识，为何惩罚无法让我们如愿地改变他人的行为。第一个提问是：我希望这个人在行为上做出什么样的改变？如果只问这个问题，惩罚看起来似乎是有效的，因为威胁或惩罚确实可以对他人的行为产生影响。然而，通过第二个问题——这个人是因为什么原因才照着我的话去做，我们就可以清楚地看到惩罚的局限性了。

我们很少关注第二个问题，借助这个问题我们会意识到：奖励或惩罚让他人的行为背离了我们的初衷。例如，如果我们希望孩子是出于爱整洁或让父母轻松来打扫房间，指责或惩罚显然不是有效的策略。常见的情形是，孩子打扫房间是为了服从父母的权威（"因为妈妈叫我这么做"）、避免惩罚、不想惹爸妈生气或被他们冷落。然而，非暴力沟通所要培养的道德意识是建立在自主和人与人相互依存的基础上，我们既为自己的行为负责，也需要明白自己与他人的福祉是一体且无分别的。

在校园使用保护性强制力

接下来，我想讲述我是如何与一所体制外学校的学生们以保护性强制力恢复校园秩序的。这所学校专门收容那些从体制内的学校辍学或被开除的学生。校方和我希望能用非暴力沟通的方式和这些学生沟通。我的工作是培训教职员工，并担任顾问一年。由于只有4天时间来培训教师，我没有充分说明非暴力沟通和放任不管之间的区别。结果，在出现冲突和扰乱秩序的行为时，有些老师选择了回避，并未加以干预。校园秩序也因而越来越混乱，以致校方几乎要将学校关闭。

此时，我向校方提出请求，希望和那些带来最多麻烦的学生交谈。校长挑选了8位年龄在11至14岁间的男孩。以下是我和学生们会谈的摘录。

马歇尔：（单纯表达我的感受和需要，而不追问事情的始末）听到老师们说，许多班级的教学工作无法正常进行，我感到很不安。我非常希望学校能够继续办下去。希望你们可以帮助我了解学校中存在的问题以及应对的办法。

威　尔：这个学校的老师都太蠢了！

马歇尔：威尔，你的意思是你对老师们感到不满，希望他们改变做事的方式对吗？

威　尔：不，老兄，我说他们很蠢是因为他们就只是站在那里，什么都不做。

马歇尔：你的意思是你感到不满，因为你希望在出现问题时，他们能做些什么？（再次尝试体会他的感受和需要。）

威　尔：是的，老兄。不管谁做了什么事，他们就像白痴一样站在那里傻笑。

马歇尔：可以给我举个例子吗？

威　尔：这很容易。今天早上，有个家伙在裤子后面的口袋里装了一瓶威士忌酒，大摇大摆地走进了教室，所有人都看见了，老师也看见了，但她却装作什么也没发生。

马歇尔：听起来，你不想尊重那些不作为的老师，你希望他们能做点什么，是吗？（我继续尝试充分理解他。）

威　尔：正是！

马歇尔：我有些失望，因为我希望老师们能够和学生一起解决问题，但听上去我没能让他们明白我的意思。

接着，讨论转向了另一个迫切的问题：那些不想学习的学生干扰了想要学习的学生。

马歇尔：我迫切地想要解决这个问题，老师们告诉我这是最让他们头疼的问题。我非常希望你们能和我分享一些建议。

乔：老师应该带根棍子。（圣路易市的一些校长会随身携带绑有皮带的棍子，用来体罚学生。）

马歇尔：乔，你的意思是，如果有人干扰别人学习，老师就给他一棍子？

乔：只有这样，学生们才会停止胡闹。

马歇尔：（仍然试着体会乔的感受）所以你不相信有其他的解决办法？

乔：（点头表示同意）

马歇尔：如果这是唯一的方式，我会觉得很灰心。我希望我们能找到别的解决办法。

艾德：为什么？

马歇尔：有几个原因。假如我用棍子教训你们不许在学校胡闹，请你们告诉我，被我打过的几个学生会在我下班回家时怎么对付我？

艾德：（笑）那你最好带根大点的棍子。

马歇尔：（确信双方已相互理解，我不再复述他的话，而是继续表达）这正是我的意思。我希望你能看到，用这样的方式来解决问题让我不安。我不会总是记得要带一根大棍子，就算我记得，我也不想用它来打任何人。

艾德：那就把他们踢出去。

马歇尔：艾德，你的意思是希望学校让那些学生们停课或开除他们？

艾德：是的！

马歇尔：我对这个想法也感到灰心。我希望有别的方式来解决冲突，而不用让任何一位同学离开。如果这是我们能想到的最佳方案，我会认为自己很失败。

威　尔：如果有谁不想学习，不如就让他待在一间可以什么都不做的教室。

马歇尔：威尔，你是说，我们能腾出一间教室，让不想学习的人有个去处，是吗？

威　尔：没错。既然他们不想学习，呆在教室里也没用啊。

马歇尔：我对这个点子很感兴趣。具体怎么操作呢？

威　尔：有的时候，你到了学校却心情糟糕，什么也不想做。这时，你就可以先去这个房间。直到你想上课了再回到自己班级。

马歇尔：我明白你的意思了。不过，老师们可能会担心，同学们是否会自愿去那个房间。

威　尔：（自信地说）他们会去的。

　　我对他们说，如果我们可以让同学们明白设置这个房间的目的不是为了惩罚，而是给暂时不想学习的同学提供一个去处，同时让愿意学习的同学专心上课，那这个计划就能行得通。我还建议让大家知道这个点子是学生们头脑风暴的结果，而非校方的规定，那这个方案会更加有可能取得成功。

　　于是，学校设置了这样一间教室，那些心情不好、不想上课或会影响其他人学习的学生们就可以去那里。有时，有的学生会主动去那里，有时老师会请学生过去。我们为这个教室安排了一位熟练掌握非暴力沟通的老师来管理。她和来这里的学生们开展了一些卓有成效的对话。这样的安排大大改善了学校的秩序，那些曾参加讨论的学生们向他们的同学表明了这个教室的目的是维护学习者的权益。我们也借由这件事向教师们展现了，除了回避冲突和实施处罚，还有别的方式来化解冲突。

小结

在有些没有机会沟通（例如危险迫在眉睫）的情况下，我们需要采取保护性强制力。这样做的目的是防止人们受到伤害或不公待遇，而不是为了惩罚他人或让他人难受、忏悔或改变。惩罚性强制力会让人产生敌意和抵触心理。惩罚还会伤害他人的善意和自尊，也会让我们只注意行为的外在后果，而忽视行为本身的价值。惩罚和指责也无法让他人按照我们所期望的理由来行动。

第十三章

解放自我，协助他人

人类以小爱为足，

沉睡在那有限的欢愉中，

至今仍未清醒。

——皮埃尔·特拉德，神学家、科学家

摆脱旧有模式的束缚

在成长过程中，我们从家长、老师、神职人员或其他人那里，或多或少习得了一些限制我们生命的教导，尽管他们是心怀好意的。千百年来，这些有害的教导代代相传，许多已经根深蒂固，让人无从察觉。喜剧演员巴迪·哈克特在一次节目中谈到，他从小吃母亲烹饪的油腻食物长大，直到参军后才发现，原来吃完饭后肠胃还是可以保持轻松的。同样的，对于那些伤害性文化制约所带来的痛苦，我们也仿佛习以为常，甚至感觉不到痛苦的存在。要认清有害的习惯并将它们转化成对生命有益的认知和行为，需要我们投入巨大的努力和觉知。

要实现这样的转变，我们就要熟悉"需要"，并且有能力与自己的

> 内在冲突往往会让人陷入抑郁状态，而我们可以用非暴力沟通来化解这些冲突。

内心建立连结。在我们的文化中，要做到这两点是困难的。我们不仅从来没有学过"需要"的知识，我们的文化也往往不鼓励我们觉察需要，而是把"需要"看作消极、有害的。一个人有需要会被认为不够好或不成熟。当人们表达自己的需要时，很容易被贴上"自私""索取太多"的标签。

因此，通过区分观察与评判、认识感受背后的想法或需要，并以清晰的行动语言提出请求，非暴力沟通让我们更有能力在每一个当下觉察那些加诸我们身上的文化制约。若要摆脱这些制约对我们的束缚，最关键的一步便是看清它们。

化解内在冲突

内在冲突往往会让人陷入抑郁状态，而我们可以用非暴力沟通来化解这些冲突。在《精神病学的革命》一书中，厄内斯特·贝克（Ernest Becker）将抑郁症归因为"无法认知到自己有选择"。当我们评判自己时，便是在远离自己的需要，更无法采取行动来满足那些需要。因此我们感到抑郁，就是说，我们和自己的需要失去了连结。

有位饱受抑郁折磨的女士来学习非暴力沟通。我请她找到自己在极度抑郁时内在出现的不同声音，并将它们以对话的形式写下来，就好像这些声音彼此在交谈一样。以下是她写下的前两句对话：

声音1（作为职业女性）：我的人生应该有更大的作为，我这是在浪费我所受的教育和才华。

声音2（作为有责任感的母亲）：你太不现实了。作为两个小孩的妈妈，你连他们都照顾不好，还妄谈做其他事情？

我们看到，这些内在声音充满了评判和指责，比如"应该""浪费我所受的教育和才华""照顾不好"，等等。类似这样的对话已经在她的头脑中持续了好几个月。接着，我请她想象那个"职业女性"服下了"非暴力沟通药丸"，然后用以下句式重新表达："当……，我感到……，因为我有……的需要，因此我想要……"

于是她将"我的人生应该有更大的作为，我这是在浪费我所受的教育和才华"转换为："当我放弃工作、待在家里花很多时间照顾孩子们时，我感到压抑和挫败，因为我很需要在工作中获得的成就感。所以，现在我想在我的老本行里找一份兼职。"

接下来轮到"有责任感的母亲"用同样的方式来重新表达。她将"你太不现实了。作为两个小孩的妈妈，你连他们都照顾不好，还妄谈做其他事情"转换为："当我想到要去上班，我感到害怕，因为我需要确保孩子们被好好照顾。因此，我想计划一下如何在我工作时为他们提供妥善的安排，并且在我不那么累时有足够的时间陪伴孩子们。"

这位女士用非暴力沟通的语言表达了内在的声音后，顿时如释重负。因为她得以明白那些不断重复、撕扯她的想法背后所隐藏的感受和需要，并同理自己的处境。尽管她依然要面对现实中的挑战，例如：为孩子们寻求好的照顾、获得先生的支持……但她已经明白了自己的需要，而不再一味地自我评判了。

> 非暴力沟通鼓励我们关注什么是自己真正想要的，而不是自己或他人有什么问题。

呵护我们的心灵环境

当我们陷在批判、指责或愤怒中时，很难为自己建立一个健康的内在环境。非暴力沟通鼓励我们关注什么是自己真正想要的，而不是自己或他人有什么问题。

一位学员分享了她在一场3天的培训中收获的巨大突破。她提到自己来上课的一个目标是学习如何更好地照顾自己，但在第2天早晨醒来时，她却头疼欲裂。"在过去，我的第一反应是去检讨自己哪里做错了。是不是吃了什么不该吃的食物？是不是让自己压力过度？是因为自己做了这个，还是因为自己没有做那个？但这一次，因为学习了如何用非暴力沟通来照顾自己，我转而问自己：'我现在需要做什么来缓解头痛？'"

"我坐起来，慢慢舒展了脖子，走动了一下，又做了些别的事情让自己舒服些。我不再责罚自己。很快，头痛缓解了，我得以参加一整天的学习。对我来说，这是一个非常重大的突破。当我尝试同理我的头疼时，我发现在前一天没有把足够的注意力放在自己身上，而身体通过头痛来告诉我：'我需要得到更多的关注。'当我这样去做，我的身体也支持我完成了学习。我一辈子都在与头痛打交道，这一次的经历成了我人生的转折点。"

在另外一场工作坊上，有位学员询问我如何在开车时保持良好心态。这可是我非常熟悉的话题！因为工作的缘故，我有好几年的时间经常要开车到美国各地出差。每次行驶在路上，我的脑海中便不断冒出一个个具有暴力意味的念头："该死的，那个男的在干什么？他开车都不看路吗？"任何不以我的标准来开车的人都是敌人、恶人。这些念头让我疲惫不堪，它们驱使我想要惩罚那些司机，可实际上又不可能这样做，愤怒便积存在我的体内，也对我的身心造成了伤害。

于是，我尝试将评判转换为感受和需要来同理自己："老天，看到他们那样子开车，我简直吓坏了，我真希望他们能明白那样做有多危险。"天哪！我惊讶地发现，只是把注意力放在自己的感受和需要上，我的压力便减轻了不少。

后来，我又决定去尝试同理那些驾驶人。第一次尝试就让我十分满足。那次我行驶在一辆车后面，它的速度不仅远低于限速，还会在每一个交叉口减速。我火冒三丈，一直在心里抱怨："哪有人这样开车的。"注意到我已经给自己造成了一些压力，我开始体会那位司机可能会有的感受和需要。我猜那人可能迷路了，有点不知所措，希望跟在后面的司机多一些耐心。当道路变宽，我超车前进，发现那位司机是位看上去已经80来岁的女士，她的脸上满是惶恐。我很庆幸，由于同理了她，我没有对她大声按喇叭，也没有做出一些表达不满的举动。

用非暴力沟通取代诊断

许多年前，在完成长达9年的临床心理学课程训练后，我获得了博士学位并取得了心理治疗师的资质。毕业后不久，我有幸旁听了以色列哲学家马丁·布伯（Martin Buber）与美国心理学家卡尔·罗杰斯（Carl Rogers）的一场对话。那时，布伯正在访问美国，他受邀来到一所精神病院，在一群精神科医生面前和卡尔·罗杰斯对谈。

布伯的观点是，人的成长发生在两个个体相遇时以脆弱而坦诚的方式表达自己的过程中，他称这是"我与你"的关系。他认为，这样的坦诚无法存在于心理治疗师和来访者的角色之间。罗杰斯同意布伯的看法，认为坦诚是个人成长的先决条件，不过他也主张，开明的心理治疗师能够超越自己的角色，与来访者坦诚相见。

　　对此，布伯则表示怀疑。他认为，即使心理治疗师努力和来访者建立坦诚的关系，但只要来访者依然以"来访者"自居，把对方视作"心理治疗师"，这样的相遇便不可能发生。他指出，来访者预约就诊、前往诊疗室以及付费"被治疗"的全过程都阻碍着两个人之间发展出坦诚的关系。

　　这场对话厘清了我长久以来的困惑。在我所接受的精神分析和心理治疗领域的教育中，心理医生在治疗中抽离自己可谓是金科玉律。如果治疗师把自己的感受和需要带到治疗过程中，通常被视为一种异常行为。专业的心理治疗师该在治疗过程中保持超然，让自己成为来访者投射想法和情感的一面镜子，再设法帮助病人解决问题。心理治疗师不在治疗中袒露内心，避免在处理内心冲突时损及病人的利益，这背后的理论和道理我十分理解。然而，对于要和来访者保持必要的心理距离，我总是感到不太舒服。不仅如此，我坚信将自己带到治疗过程中是有益的。

　　于是，我开始试着用非暴力沟通的语言来替代医疗术语。我不再用我所学到的人格理论来分析来访者，而是全然地和他们同在，并且同理他们说的话；我不再诊断他们得了什么病症，而是袒露这个过程中我的内心。刚开始，我颇有些胆战心惊，不知道同事们对此会有什么样的看法。然而，这样做的效果却令来访者和我都很满意，很快我便放下了自己的顾虑。35年后的今天，将自己完全地投入咨访关系，这样的概念早已不再被视为离经叛道。记得在刚开始时，经常有心理治疗团体邀请我去演讲，并以现场示范来证明效果。

有一次，我受邀去一所州立精神病医院，向一大群精神病学领域的专业人士演示如何用非暴力沟通帮助精神极度痛苦的人。讲解了一小时后，他们请我会见一位病人，评估她的病情并给出治疗建议。那是一位有着3个孩子的29岁母亲，我们谈了约半小时。在她离开房间后，负责治疗她的医生便向我提问："卢森堡博士，请您做出一个鉴别诊断。在您看来，这位女士表现的是精神分裂症状还是由毒品引起的精神错乱？"

我回答说，对于这类问题，我感到不舒服。即使是在精神病医院实习时，我也不太知道该如何对病人做出诊断分类。后来我读到的研究报告让我发现，精神病医生与心理学专家对诊断分类其实也没有一致的意见。那些报告的结论是，精神病医生会对病人做出什么诊断，主要取决于他们所属的学派，而不是病人本身的特质。

接着，我告诉他们，就算精神病医生对这些术语的运用具有共识，我也不太想用它们，因为我看不出这样对病人有什么好处。在物理医学领域，医师如果能了解疾病形成的原因，往往就能确定治疗的方向；但在精神疾病领域，情况并非如此。根据我的经历，在医院的病例讨论会上，医生们用大部分时间来讨论病人属于哪种精神病类型。到了会议必须结束时，主治医生可能会请其他人帮忙确立一个治疗方案，由于医生们大多更加热衷于对诊断的争论，这类请求通常会被忽略。

我向提问的这位医生解释：非暴力沟通让我不再去探讨病人有什么

问题，而是转而关注这样一些方面："他（她）现在的感受是什么？他（她）需要什么？面对他（她），我有什么感受呢？我的感受反映了我怎样的需要呢？我想请求他（她）采取什么行动或做出什么行动，使他（她）过得更幸福呢？"由于对这些问题的回答透露出我们的内心世界和我们的价值观，因而，相较于只是对他人做出诊断，我们会感到更加脆弱。

在另一次活动中，我受邀示范如何向那些被诊断为慢性精神分裂的人教授非暴力沟通。在大约80名心理学家、心理治疗师、社工和护工的围观下，15位病人被请到台上。我开始介绍自己，讲解非暴力沟通的目的，忽然一位病人做了一个看似与我所述无关的回应。由于依然带着他被确诊为慢性精神分裂的临床思维，我下意识地认定，自己无法理解他讲的话是因为他头脑混乱，于是我对他说："你看上去不太明白我说的话。"

此时，另一位病人插话道："我懂他在说什么。"紧接着他解释了那位病人先前的话与我之前的介绍有什么关联。当我发现并非那个男人神智不清，而是我自己没有领悟其中的关联时，我惊愕地看到自己如此轻易就把沟通障碍归咎于他。我真希望为自己的感受负起责任，但愿说出口的话是："我感到困惑，我想理解我的话与你的回答之间的关联，但我并不知道，你愿意向我说明一下吗？"

除了这一片刻我跌入了临床诊断思维，余下的时间里，我与病人顺畅地交流。那些病人的反应让医生惊讶。他们问我是否认为这是一群特别合作的病人。我回答说：当我不再试图诊断、分析人，而是把我的内心世界与他们的内心世界连结时，人们通常都会给予积极的回应。

后来，一位工作人员请求我再进行一轮相似的交流，让心理学家和治疗师参与其中。于是，台上的几位病人与观众席的志愿者交换了位置。与工作人员一起工作时，我艰难地试图向其中一位心理学家澄清，"头脑的理解"与"非暴力沟通的同理"有何不同。每当组里有人表达感受，他便会从心理学的角度阐述自己的分析，而不是同理那些感受。当他第3次做出这样的表达时，一位观众席上的病人大声喊道："你看不到自己又在分析了吗？你在解释她说的话，而不是在同理她的感受！"

用非暴力沟通的方法和意识来辅导他人时，我们和对方创造的是真诚、坦率和双向的关系，而不是和对方保持情感上的距离，也不是在诊断对方，或是摆出一副高高在上的专业辅导者姿态。

小结

非暴力沟通可以帮助我们将内心的负面信息转化成感受和需要，从而改善和自己的沟通。如果有能力做到同理自身的感受和需要，我们就可以转化抑郁情绪。非暴力沟通教导我们如何专注在自己及他人心底真正的渴望上，摆脱在自己或他人身上纠错的习惯，从而创造更加平和的心境。心理辅导与治疗的专业人士也可以用非暴力沟通与来访者建立真诚的关系。

非暴力沟通实践案例

化解怨气和自我批评

以下是一个非暴力沟通学习者的故事：

有一次，我结束了非暴力沟通的集训回到家，发现两年没见的朋友艾瑞斯正在等我。25年来，她一直在一所小学担任图书管理员。6年前，我们在科罗拉多一个为期两周的荒野探寻活动中相识，这是一个极富挑战性的训练营，其中最后一个环节是在落基山独自断食3天。一见面，我就迫不及待地和她分享非暴力沟通课程的情况。这时，艾瑞斯告诉我，虽然已经过了6年，但只要一想起那次活动的野外领队对她说的话，她还是会感到愤愤不平。我知道她说的是莉芙，一位令人印象深刻的豪放女子。我记得她的手掌布满了被麻绳割开的痕迹；攀岩时，她稳稳地将自己悬挂在悬崖上；她能辨识动物的粪便，会在黑暗中长嚎；开心时，她会舞蹈，不快时，她会直率地说出心里话。最后一天，我们在巴士上向她挥手告别时，她甚至朝着我们撅起了屁股。

而让艾瑞斯耿耿于怀的是莉芙在一次个人反馈环节中对她说的话：

"艾瑞斯，我真受不了像你这样的人，不管什么时候、在什么地方，你都甜得腻死人，总是一副温顺的小图书管理员样儿。你为什么不能丢下这些包袱，直率些呢？"

6年来，艾瑞斯时不时地想起莉芙这些话，并在心里不断驳斥她。于是，我们决定看看如何用非暴力沟通处理这个情形。

于是，我首先扮演莉芙的角色，对艾瑞斯再次说了当年的那些话。

艾瑞斯：（暂不考虑非暴力沟通，认为莉芙在批评和羞辱她）你没有权利这样对我说话。你根本不了解我，你也不知道我是什么样的图书管理员！我很认真地对待我的工作，并且我认为自己是一名教育工作者，和其他老师并没有什么不同……

我：（扮演莉芙的角色，带着非暴力沟通的意识，同理艾瑞斯）听起来你很生气，因为你希望我在评价你之前了解你真正的样子，是这样吗？

艾瑞斯：没错！你根本不知道我鼓起多大的勇气才报名参加了这场野外活动……你看！我不是完成了吗？这14天里，我接受了所有的挑战，并且——克服了它们！

我：（继续扮演莉芙）你是不是觉得很委屈，希望你的勇气和努力能够得到肯定和欣赏，是这样吗？

经过一番对话后，艾瑞斯有了一些转变。如果一个人感觉被充分聆听了，我们能从他（她）身上观察到相应的变化。比如，他（她）可能会放松下来并且深呼一口气。这样的举动往往意味着这个人获得了足够的同理，因而，内心释放了更多的空间去关注其他的事情；或许，这个人甚至能够开始聆听别人的感受和需要。但有时，若有其他痛苦浮现出来，他们便需要继续被同理。我注意到，艾瑞斯还流露出有心事的样子，需要多一些聆听。毕竟，6年来她都一直为自己当时没能反驳莉芙而自责懊恼，果然她紧接着说：

艾瑞斯：该死的！6年前，我就该和她说这番话！
　　我：（我作为我自己，一个充满同理心的友人）你是不是觉得很挫败，因为你希望当初能够说得清楚一些，是吗？
艾瑞斯：我觉得自己就是一个白痴！我知道自己不是那种"温顺的小图书管理员"，但我为什么没有反驳她呢？
　　我：你希望那时候有足够的勇气表达自己？
艾瑞斯：是的。我对自己很生气！真希望我当时没有任她摆布。
　　我：你希望能够更加主动地表达自己？
艾瑞斯：正是！我要记住这一点，我有权为自己挺身而出。

艾瑞斯沉默了片刻后表示，她准备好了，愿意用非暴力沟通的方式来聆听莉芙所说的话。

　　我：（扮演莉芙）艾瑞斯，我真受不了像你这样的人。不管什么时候、在什么地方，你都甜得腻死人，总是一副温顺的小图书管理员样儿。你为什么不能丢下这些包袱，直率一些呢？
艾瑞斯：（试着聆听莉芙的感受、需要和请求）哦，莉芙，听起来，你好像有些恼火，你很恼火因为我……因为我……

艾瑞斯意识到自己犯了一个常见错误。当用到"因为我"时，她将莉芙的感受归咎到了自己身上，而不是去体会莉芙的感受源于莉芙自己的需要。也就是说，莉芙感到恼火不是因为艾瑞斯做了什么，而是因为她期望艾瑞斯能够有所不同。

艾瑞斯：（再次尝试）好，莉芙，听起来你非常恼火，因为你希望……呃……你希望……

当我在角色扮演过程中认真体会莉芙时，我突然意识到莉芙的渴望是什么了！

我：（作为莉芙）和你连结！……这是我想要的！艾瑞斯，我想和你有更多的连结！但你总是表现得那么乖巧可人，我不知道要如何与你连结。所以我想要把你的这个面具扯下来，让我能真正触碰到你的心！

当我说出这番话后，我们两人都愣了一下，接着艾瑞斯说："如果当时我能知道她渴望的是这个，如果她能告诉我她想和我建立真正的连结……天啊，这些话听起来是如此充满爱意。"虽然艾瑞斯并未找到莉芙来证实这番猜测，但经过这次非暴力沟通的对话练习，艾瑞斯终于打开了心结。之后，当身边的人再对她说一些从前可能会被她当成"贬低"的话时，她也能够带着更多觉察来聆听对方真正的渴望了。

第十四章

用非暴力沟通表达感激与赞赏

"你愈懂得感谢，就愈不会为仇恨、压抑与绝望所苦。感恩是灵丹妙药，能消融小我占有和掌控的硬壳，让你成为一个胸怀坦荡的人。感恩之心是真正的灵性炼金术，让我们成为宽厚仁慈的灵魂。"

—— 桑姆·基恩 (Sam Keen)，哲人

感激背后的意图

"你这份报告做得真好。"

"你是一个非常体贴的人。"

"你昨天晚上开车送我回家，真是太暖心了。"

在我看来，以上这些我们常常用来表达赞赏和感激的话却是一种疏离生命的沟通方式。你也许会感到惊讶，我竟然将夸奖与恭维视为疏离生命的沟通！请注意，说话人以这样的形式表达赞赏时，并未传递其内心，而是以裁判者自居。也就是说，我将所有评判——无论是正向的还是负向的——都定义为疏离生命的沟通。

> 当我们用非暴力沟通来表达赞赏和感激时，纯粹是为了庆祝生命，不为获取任何回报。

在为企业开展培训时，我经常遇到管理者捍卫表扬与赞美的语言，称这样的表达是"管用的"。他们坚持的理由是："研究表明，如果管理人员表扬员工，员工会更努力工作；在学校也是一样，受到老师表扬的学生会更努力学习。"我阅读过这类研究，我认为受到赞美的人虽然会因此更努力，但效果却并不长久。一旦人们发现表扬是为了控制，他们的生产力就会下滑。最让我感到不安的是，一旦人们发现隐藏在赞赏背后的意图是为了从他们身上索取回报，人们便不会再看到赞赏的美好所在。

此外，当我们试图用正向的反馈来影响他人时，并不能确定对方会有什么反应。记得一则漫画这样描绘：一位北美原住民对同伴说："看我怎么把现代心理学用在我的马上！"接着他将朋友带到马匹可以听见他们说话的地方，大声喊道："我有一匹全西部跑得最快、最勇敢的马！"这时，只见那匹马露出了悲伤的神情，它自言自语道："真是的！他又买了匹新马！"

当我们用非暴力沟通来表达赞赏和感激时，纯粹是为了庆祝生命，不为获取任何回报。我们唯一的意图就是去庆祝他人的作为如何使我们的生命变得更加丰盛。

表达感激的三个要素

在使用非暴力沟通表达感激时，我们会清楚地包含以下三个要素：

- 他人做了什么增进了我们的福祉。

- 我们有哪些需要因此得到了满足。
- 因为这些需要得到了满足,引起了我们什么样的愉悦感受。

表达这三个要素时,并不一定要遵照以上的顺序。有时哪怕是一个微笑或一句简单的"谢谢你"就足以传递这一切。不过,如果我们想要确保对方能够充分收到我们的心意,用语言完整地表达这三个要素是有意义的。在下文的对话中,大家可以看到如何用这三个要素来表达"赞赏"。

学　员:(在工作坊结束后来找我)马歇尔,你太棒了!
马歇尔:我好像不太理解你为什么要这么称赞我。
学　员:为什么?你的意思是?
马歇尔:人们给过我无数的头衔,但我却完全无法从这些表述中学到什么。我想从你对我的赞赏中有所学习,并且因此感到喜悦,但我需要你再多说一些。
学　员:比如说?
马歇尔:首先,我想知道我说了什么或者做了什么让你的生命变得更加美好。
学　员:嗯,你很有智慧。
马歇尔:恐怕你刚刚又给了我另一个评判。我依然想知道我做了什么让你的生命更美好。
学　员:(思索了一会儿后,她指着自己在工作坊上写下的笔记)看这两处,就是你说的这两点。
马歇尔:噢,所以你赞赏的是我说的这两点?

学　　员：是的。

马歇尔：接下来，我想要知道这些话带给你的感受。

学　　员：感到充满希望，并且释然。

马歇尔：那么现在我想知道，我说了这两点满足了你哪些需要。

学　　员：我一直无法和我18岁的儿子沟通，一直在努力寻找一种更加情意相通的方式和他相处，你说的这两点让我找到了方向。

听到这三个要素的内容（我做了什么、她有何感受以及满足了她哪些需要）后，我就能真正和她一起享受这份赞赏。如果一开始就用非暴力沟通的方式来表达，她可以说："马歇尔，当你说这两点时（向我展示她的笔记），我感到充满了希望并且释然，因为我一直在寻找方法和儿子连结，你的这些话给了我方向。"

接收来自他人的感激

对于许多人来说，得体地接收别人的赞赏和感激并非易事。我们会担心自己是否值得他人的感激；也会担心感激背后的期待，特别当我们的老师或上司用感激作为激励我们的手段时；我们还会因为不想辜负感激而感到焦虑。在当今的文化中，人们已经习惯了基于买卖、有偿或者估值来运作的关系，以至于对于纯粹的施与受，我们多半会感到不适。

非暴力沟通鼓励我们带着同理心来接收感激，就像我们同理他人那样。我们聆听自己做了什么增进了他人的福祉，由此满足了他人什么样的需要以及引发的感受。因为能为彼此的生命做出贡献，我们从心底为之喜悦。

我的朋友那菲兹·阿萨黎教会了我如何优雅地接收感激。他是我邀请前来瑞士参加非暴力沟通培训的巴勒斯坦小组成员之一。当时,巴勒斯坦和以色列两国局势紧张,基于安全考虑,无论是在以色列或巴勒斯坦都无法让双方的学员一起参加培训。工作坊结束那一天,那菲兹来到我跟前对我说:"这个培训对于我们以后在国内推动和平工作太有价值了。我想以我们苏菲穆斯林信徒赞美神的方式来向你表达感激。"于是,他用大拇指紧扣着我的大拇指,并注视着我的眼睛说:"我亲吻你内心那位让你为我们带来这一切的神明。"接着,他亲吻了我的手。

那菲兹向我展示了我们可以用不同的方式接收来自他人的赞赏和感激。通常,人们在听见对自己的赞赏时会有两种极端的反应——一种是自负,因为得到了赞美而认为自己高人一等;另一种是故作谦虚,满不在乎地否认赞赏:"哦,那没什么。"那菲兹让我明白,记得是神给了我们每个人丰盈他人生命的力量,我就能充满喜悦地接收感激,而不会掉入自负和故作谦虚的陷阱。

以色列前总理梅厄夫人曾经训斥她的一位内阁大臣:"别这么谦虚,你没有那么伟大。"下面这段文字来自当代作家玛丽安娜·威廉姆斯(Marianne Williamson),也提醒着我们不要掉入故作谦虚的陷阱。

我们最深的恐惧不是自己不够好,
而是我们无比强大。
让我们恐惧的不是自身的幽暗,而是我们的光芒。

你是神的孩子。你的退缩对这个世界并无益处。
为了让身边的人不受威胁而缩小自己，决不会带来任何启迪。
我们生来就是为了彰显内在的荣光。
那不仅存在于某些人，而是存在于每个人之中。
当我们容许自己的光芒闪耀，也就默许了他人一同绽放。
当我们挣脱了自己的恐惧，我们的存在也会让他人得到解放。

对赞赏和感激的渴望

说来矛盾，尽管我们在接收赞赏和感激时会感到不自在，但大多数人依然渴望得到真诚的肯定与欣赏。在一次为我举办的惊喜派对中，一位我认识了12年之久的朋友提议大家玩一个游戏让彼此熟悉。他让每个人在纸上写下一个问题后，投入一个盒子里，接着让每人轮流抽出一个问题，抽到什么问题就要当众回答。

由于那段时间我为许多不同的社会服务机构和商业机构做咨询，我惊讶地发现人们时常提及自己有多么渴望在工作中得到赞赏。他们会叹着气说："不管你工作多么努力，都没有人说你一句好话。可如果你犯了一个错误，一定会有人立马来训斥你。"于是，我在这个游戏中写下了这样一个问题："什么样的赞赏会让你在听到后欢欣雀跃呢？"

一位女士抽到了这个问题，念完问题后她便哭了起来。她说，自己是一名受虐女性庇护中心的主任，为了尽可能让大家都满意，每个月她都要投入大量精力设计各种活动。然而每次公布安排表时，总有几个人会表示不满，却没有谁曾感谢她所做的努力。当她在念这个问题时，脑海中便浮现出这些事情，又想到自己是多么渴望得到赞赏，此情此景她不禁落泪。

听完这位女士的故事，另一位朋友说他也想来回答这个问题。接着，所有人都纷纷要来回答，好几个人在这个过程中流下了眼泪。

人们渴望在工作中得到赞赏（真诚而非操控式的），在家庭中也未尝不是这样。一天晚上，当我提醒儿子布莱特忘了做一件家务活儿时，他回嘴道："爸，你有没有注意到，你常常说我哪里做得不好，却几乎从没有说过我哪里做得好！"我一直谨记他的这番话。他让我意识到自己总是在试图寻找哪里可以做得更好，却很少停下来去庆祝那些做得好的地方。例如，我刚带领完一场参与人数过百的工作坊，除了一个人，所有参加者都给予了极高的评价。然而，让我念念不忘的仍是那一个人的不满。

当天晚上我写下了一首歌，是这样开头的：

无论做什么，就算我有百分之九十八做得很好，
但事后我记得的，却是那让我不满的百分之二。

这也启发了我向我认识的一位老师学习。她的一位学生由于没有准备考试，只写了名字便交了白卷。当学生拿到批改好的卷子时，十分吃惊地发现自己竟然得了 14 分。他满腹怀疑地问老师："我做了什么可以拿到这 14 分呢？""你的考卷很整洁。"老师回答他。自从我的儿子给了我当头一棒后，我便开始更多地觉察别人做了什么让我的生命更加美好，同时不断地练习表达感激。

当你不愿表达感激时

约翰·鲍威尔（John Powell）在他的《爱的秘密》一书中有一段文字深深打动了我。他描述了父亲在世时，自己从来没有向他表达过感激，为此他深感悲伤。我想如果错失了机会向那些对我们很重要的人表达谢意，实在是令人遗憾的。

这使我想到了我的舅舅朱利亚斯·福克斯。当我还小的时候，他每天会到我们家照顾我那位已经全身瘫痪的祖母。我记得当他在照顾祖母时，脸上总是挂着温暖又充满爱的笑容。无论那些活儿在年少的我眼中是多么不堪，他却好像视照顾祖母为莫大的恩惠。他的亲身示范教会了我何为男性的力量，所有这些，我在往后的岁月里时常都会忆起。

直至舅舅病危，我才发现自己从未向他表达过感激。每当我想要这么做时，总感到自己有些抗拒："我相信他已经知道他对我有多重要，所以没必要说出来吧。如果我真的说出来了，可能反而会让他觉得尴尬吧。"当脑海中浮现出这些想法时，我马上知道这并不是真的。我经常以为别人知道我有多么感激他们，后来却发现事实并非如此。而即使人们听见感激的话时会感到尴尬，却依然希望能从别人那里听到对自己的感激。

可我还是有些犹豫，我对自己说：语言并不足以表达我对他的感激之情。好在很快我就醒悟了：是的，尽管语言不足以充分传递我们的心意，但我已经知道"一件值得做的事情，即使我们做得不怎么样也值得去做！"

在不久后的一次家庭聚会中，当我坐在朱利亚斯舅舅身旁时，感激的话便从我心里涌了出来。舅舅听了非常高兴，没有丝毫尴尬。当晚，激动不已的我回到家后写下了一首诗寄给他。3个星期后，他便过世了。我后来得知，舅舅在去世前，每天都请人把那首诗念给他听。

小结

我们惯常的赞美方式往往带有评判，哪怕是正向的，有时甚至被用来操纵他人的行为。非暴力沟通所鼓励的是，向他人表达感激时，庆祝是我们唯一的意图。我们表达的内容包括：（1）对方做了什么对我们的福祉做出了贡献；（2）我们有哪些需要得到了满足；（3）我们因此产生了什么样的愉悦感受。

当我们接收这样的赞赏和感谢时，我们也能免于自负或是假谦虚，而是和对方一起庆祝。

后记

　　有一次，我问舅舅朱利亚斯，他何以做到如此由衷地给予。对于我的提问，他似乎颇引以为荣，他思索了一会儿后答道："那是因为我很幸运地遇到了好老师。"我问他老师是谁，他说："你的祖母是我最好的老师。你和她一起住的时候她已经生病了，所以你并没有见识到她真正的样子。在大萧条时期，一位裁缝和他的老婆、两个孩子丢了房子和生意后，你的祖母把他们接到我们家，同住了3年。你的妈妈告诉过你吗？"我对这个故事记忆深刻。母亲第一次告诉我时，我清晰地记得当时我完全无法想象，养育9个孩子的祖母是如何在她那幢不算大的房子里腾出空间给裁缝一家人的。

　　朱利亚斯舅舅又回忆了一些奶奶的善行，那些都是我小时候听过的故事，接着他问我："你妈妈一定和你说过有关耶稣的故事吧？"

　　"谁的故事？"

　　"耶稣。"

　　"没有，她从来没有告诉过我关于耶稣的故事。"

　　有关耶稣的故事是舅舅临终前送给我最后的珍贵礼物。一次，一个男人来到祖母家的后门向她乞求食物。这样的事并不罕见。尽管祖母很穷，所有的邻里都知道只要有人上门来要饭，她一定会给他们东西吃。这个男人留着胡子，有一头乱蓬蓬的黑发，衣衫褴褛，脖子上挂着一串木枝做的十字架。祖母请他进厨房，在他吃东西的时候问起他的名字。

"我叫耶稣。"他答道。

"那你姓什么？"她询问着。

"我叫主耶稣。"（祖母的英语不是太好。另外一位舅舅艾西多后来告诉我，那天男子在用餐时，他正好进了厨房，祖母向他介绍这位陌生人，说他是"主先生"。）

接着，祖母又问他住哪儿。

"我没有住处。"

"那，今晚你住在哪里呢？外面很冷呀。"

"我不知道。"

"你要住在这里吗？"她问。

之后，他一住就是7年。

说到非暴力沟通，我的祖母是个天生的能手。她没有去想这个男人是什么样的人，否则她可能会把这个人当作疯子而打发走。不，祖母所想的是他人的感受和需要。如果有人饿了，她就拿吃的给他们；如果有人无家可归，她就给他们一处地方睡觉。

祖母热爱跳舞，我的母亲记得祖母经常说："若你能跳舞就永远不要走路。"因此，我想以一首关于祖母的歌来作为这本书的结尾，因为她终其一生都说着非暴力沟通的语言，都活出了非暴力沟通的精神。

一天，一个名叫耶稣的男人
徘徊到祖母家门口。
他要了一点吃的，
但她给得更多。
他说他叫主耶稣；
她没有向教庭核实他的身份。
他一住便是许多年，
与许多无家可归的人一样。
正是以犹太人的方式，
她教导了我耶稣的箴言。
如此珍贵，
铭记耶稣的教导：
"为饥饿的人喂食，为生病的人治疗，
然后得以安息。
若你能跳舞就别走路；
将家筑成一个温暖的巢。"
正是以犹太人的方式，
她教导了我耶稣的箴言。
如此珍贵，
让我铭记耶稣的教导。
——《祖母与耶稣》马歇尔·卢森堡

资源

非暴力沟通四要素

非暴力沟通四要素	
清晰地，不带指责或批评地 表达自己	带着同理心倾听对方， 而不解读为指责或批评
观察	
1. 我所观察到的（看到的、听到的、记忆里的、想象的、不带自己的评价） 是否为我的幸福做出了贡献： "当我（看，听）……"	1. 你所观察到的（看到的、听到的、记忆里的、想象的，而不是你所评价的） 是否为你的幸福做出了贡献： "当你（看、听）……" （有时会以静默的方式同理倾听）
感受	
2. 与我的观察相关联，我的感受（情绪、知觉而非想法）： "我感到……"	2. 与你的观察相关联，你的感受（情绪、知觉而不是想法）： "你感到……"
需要	
3. 引发我感受的根源是我所需要或看重的（而不是偏好或特定的行为）： "……因为我需要／看重……"	3. 引发你感受的根源是你所需要或看重的（而不是偏好或特定的行为）： "……因为你需要／看重……"
请求	
为了服务我的生命需要，清晰地表达请求而不是要求。	同理倾听什么请求能服务你的生命需要，而不是听到任何要求。
4. 我想采取的具体行动是： "你愿意试试……吗？"	4.. 你想采取的具体行动是： "你愿意试试……吗？" （有时会以静默的方式同理倾听）

人类共有的一些基本感受

需要得到满足时的感受

- 惊叹
- 舒适
- 自信
- 期待
- 精力充沛

- 满足
- 开心
- 满怀希望
- 受启发
- 好奇

- 愉快
- 感动
- 乐观
- 自豪
- 放心

- 兴奋
- 惊喜
- 感激
- 触动
- 信赖

需要未得到满足时的感受

- 生气
- 烦闷
- 担心
- 困惑
- 失望

- 灰心
- 苦恼
- 尴尬
- 挫败
- 无助

- 无望
- 不耐烦
- 恼火
- 孤单
- 紧张

- 不堪重负
- 迷茫
- 犹豫
- 难过
- 不适

人类共有的一些基本需要

自主选择 ・选择梦想、目标和价值 ・选择实现梦想、目标和价值的方法	精神交融 ・美 ・和谐 ・启迪 ・秩序 ・和平
内外一致 ・真实 ・创造力 ・意义 ・自我价值	玩耍 ・乐趣 ・欢笑
庆祝 / 哀悼 ・庆祝人生的创造和梦想的实现 ・哀悼失去：亲人离世、梦想破灭，等等	滋养身体 ・空气 ・食物 ・运动，锻炼 ・保护（免受病毒、细菌、昆虫及食肉动物的威胁） ・休息 ・性表达 ・住所 ・触摸 ・水

相互依存
・接纳 ・欣赏
・亲近 ・社群
・体谅 ・服务生命
・心理安全 ・同理
・诚实（有力量的诚实，可以让我们从自身的局限中得以学习）
・爱 ・确认
・尊重 ・支持
・信任 ・理解 ・温暖

图书在版编目（CIP）数据

非暴力沟通：珍藏版/(美) 马歇尔·卢森堡（Marshall B. Rosenberg）著；刘轶译.—2版（修订本）— 北京：华夏出版社有限公司, 2022.1（2025.1 重印）

书名原文：Nonviolent Communication: A Language of Life 3rd Edition

ISBN 978-7-5080-9624-7

Ⅰ．①非… Ⅱ．①马… ②刘… Ⅲ．①心理交往－通俗读物 Ⅳ．①C912.11-49

中国版本图书馆 CIP 数据核字（2021）第 058808 号

Translated from the book Nonviolent Communication: A Language of Life 3rd Edition, ISBN 13 / 10: 9781892005281 / 189200528X by Marshall B. Rosenberg. Copyright © Fall 2015 PuddleDancer Press, published by PuddleDancer Press.

All rights reserved.
Used with permission.

For further information about Nonviolent Communication (TM) please visit the Center for Nonviolent Communication on the Web at: www.cnvc.org.

版权所有　翻印必究

北京市版权局著作权合同登记号：图字 01-2016-2253 号

非暴力沟通 [珍藏版]

著　　者	[美] 马歇尔·卢森堡
译　　者	刘　轶
责任编辑	朱　悦　陈志姣
责任印制	刘　洋

出版发行	华夏出版社有限公司
经　　销	新华书店
印　　刷	北京汇林印务有限公司
装　　订	北京汇林印务有限公司
版　　次	2022 年 1 月北京第 2 版　2025 年 1 月北京第 6 次印刷
开　　本	670×970　1/16 开
印　　张	16
字　　数	190 千字
定　　价	69.80 元

华夏出版社有限公司　地址：北京市东直门外香河园北里 4 号　邮编：100028
网址：www.hxph.com.cn　电话：(010) 64663331（转）
若发现本版图书有印装质量问题，请与我社营销中心联系调换。

有关非暴力沟通的更多信息，请联系国际非暴力沟通中心，地址如下：
Center for Nonviolent Communication (CNVC)
9301 Indian School Rd., NE, Suite 204Albuquerque NM 87112-2861 USA
Ph: 505-244-4041
US Only: 800-255-7696
Fax: 505-247-0414
Email: cnvc@CNVC.org
Website: www.CNVC.org